Die evangelische Landeskirche in Preußen und die Einverleibung der neuen Provinzen.

Von

Dr. Paul Hinschius,
Professor der Rechte zu Berlin.

Berlin,
Verlag von J. Guttentag
1867.

Inhaltsübersicht.

Seite

Einleitung 1
Die konfessionelle Dreitheilung der Landeskirche 3
Die Errichtung selbstständiger Provinzialkirchen 21
1. Die Unberechtigtheit des Theilungsprincipes 21
2. Die Gefahren der Provinzialkirchen 35
Die Lösung der Schwierigkeiten 51
Nachschrift 74

Einleitung.

Die in Folge der Umgestaltung der politischen Verhältnisse veränderte Lage der kirchlichen Verfassungsfrage ist so bekannt, daß eine nähere Darlegung für diejenigen Kreise, welche daran Interesse nehmen — und allein an diese können ja die vorliegenden Zeilen sich richten —, nicht erforderlich scheint. Eine Reihe von jüngst erschienenen Schriften haben, abgesehen von einzelnen kurzen Erörterungen in den bekannten Kirchen-Zeitungen, die Neugestaltung der kirchlichen Verhältnisse des nunmehrigen preußischen Staates einer Besprechung unterzogen. Die bisher gemachten Vorschläge lassen sich auf zwei Hauptgruppen zurückführen. Solche, welche auf die Zerstörung der jetzigen preußischen Landeskirche hinausgehen und sowohl die Altlande als die neuen Provinzen nach einem für alle gleich maßgebenden Principe kirchlich organisiren wollen, und solche, welche die Aufrechterhaltung der Einrichtungen der älteren Provinzen und Einfügung der Kirchensysteme der neu erworbenen Länder in dieselben bezwecken.

Eine neue Besprechung der so mehrfach ventilirten Frage wird sich nothwendig mit den Ansichten jener Schriften auseinanderzusetzen haben. Ich beginne damit zunächst, denn mit der Kritik derselben wird am passendsten das Fundament für die positiven Vorschläge, welche ich meinerseits zu machen habe, gewonnen werden können.

Ausführlicher brauche ich dabei nur die Vorschläge der ersten Gruppe zu berücksichtigen, welche, so verschieden auch die Ausgangspunkte ihrer Verfasser sind, nicht nur einen beklagenswerthen Bruch mit bewährten und segensreichen altpreußischen Traditionen enthalten, sondern auch die mannichfachsten Gefahren für die evangelische

Kirche herbeiführen würden. Es gehören hierher zunächst die von Hengstenberg in seiner Kirchenzeitung (Jahrgang 1866. No. 97. 98, vgl. auch Jahrgang 1867. Nr. 4) veröffentlichten Artikel; ferner die bereits in zweiter Auflage erschienene anonyme Schrift: „die politische Lage und die Zukunft der evangelischen Kirche in Deutschland. Gedanken zur kirchlichen Verfassungsfrage von einem deutschen Theologen. Gotha. Friedrich Perthes. 1867;" und endlich die Schrift des Kirchenrechts-Professor Dr. Friedberg: „die evangelische und die katholische Kirche der neu einverleibten Länder in ihren Beziehungen zur Preußischen Landeskirche und zum Staate. Halle. Verlag der Buchhandlung des Waisenhauses. 1867."

Die zweite Gruppe bilden die beiden Brochüren: „die neuen evangelischen Landestheile Preußens und die Union. Auch ein Votum über die Gestaltung der evangelischen Landeskirche in Preußen. Berlin. Verlag von Ludwig Rauh. 1867" und „Großpreußen und die Union der evangelischen Kirche in Deutschland. Briefe eines süddeutschen an einen norddeutschen Kirchenmann von H. von H. Elberfeld. Verlag von R. L. Friedrichs. 1867," Nicht nur in der Abwehr der Vorschläge jener ersten Schriften, sondern auch in manchen anderen Punkten stehe ich mit den Verfassern der letzteren auf wesentlich gleichen Anschauungen. Daher wird es genügen, im Laufe meiner Erörterungen auf dieselben, soweit es nöthig ist, einzugehen.

Hengstenbergs Ausführungen — um auf jene erste Richtung zurückzukommen — verdienen, wenngleich sie nur in wenigen Zeitungsartikeln niedergelegt sind, darum Beachtung, weil sie von dem Hauptwortführer einer kirchlichen Richtung ausgehen, welche schon einen mannichfach lähmenden und verhängnißvollen Einfluß auf die Entwickelung unserer kirchlichen Verhältnisse ausgeübt hat. So möge denn zunächst sein Vorschlag einer kurzen Kritik unterzogen werden.

Die konfessionelle Dreitheilung der preußischen Kirche.*)

Hengstenberg geht bei seinen neuen Verfassungsprojecten davon aus, daß die Union der preußischen Landeskirche nicht zu Recht besteht (No. 98. S. 1160. 1175. 1176. 1177. 1181), ja es wird sogar die Behauptung aufgestellt, daß der denkwürdige Erlaß vom 27. September 1817 die Anerkennung der Existenz und Berechtigung einer selbstständigen lutherischen Kirche in Preußen enthalte (S. 1181). Diese noch als organisirtes Gemeinwesen zu Recht bestehende lutherische Kirche hat nach Hengstenberg einen Anspruch auf ein eigenes lutherisches Kirchenregiment, auf Verpflichtung des letzteren auf das lutherische Bekenntniß, ferner ein Recht auf ihren geschichtlichen Namen, sowie auf ein Abstehen von der gesetzlichen Forderung der Abendmahlsgemeinschaft mit den Genossen der andern evangelischen Konfession (S. 1173. 1175. 1177). Den übrigen nicht lutherischen Gemeinden, also den reformirten und unirten, gesteht Hengstenberg das gleiche Recht auf ein ihrem Bekenntnißstande entsprechendes, selbstständiges Kirchenregiment zu.

Würde diesen Anschauungen praktische Folge gegeben und für die drei Gruppen je ein selbstständiges Kirchenregiment eingerichtet,

*) Zum Theil liegen diesem Abschnitt die in No. 3 und 4. S. 37 und 55 der neuen evangelischen Kirchenzeitung des laufenden Jahres gedruckten, von mir herrührenden Artikel zu Grunde, welche gemäß den Redaktions-Principien dieses Blattes anonym erscheinen mußten. Vielfach stimmt mit den hier hervorgehobenen Gesichtspunkten überein H. v. H. in seiner nachher erschienenen Schrift: „Großpreußen und die Union 2c. S. 141 ff.."

so wäre die bestehende Union und Landeskirche zertrümmert und allerdings die weitere gemeinschaftliche kirchliche Organisation der alten und neuen preußischen Provinzen sehr vereinfacht. Das Regiment über die lutherischen Gemeinden Altpreußens kann unter der gedachten Voraussetzung die Leitung der früher hannoverschen Kirche und die der sonstigen einverleibten lutherischen Gebiete übernehmen, und das gleiche Organisationsprincip könnte für die reformirten und unirten Kirchen des ganzen preußischen Staates angewendet werden. Eine „Union," wie sich Hengstenberg ausdrückt, dieser durch die verschiedenen Kirchenregimente dreigetheilten evangelischen Kirche Preußens soll in der Weise bestehen bleiben, daß für sie in der Augsburger Konfession von 1530, unter Freigebung des Artikel 10 derselben*) an die konfessionelle Auslegung, ein gemeinsames Band des Bekenntnisses gefunden wird.

Soweit die Vorschläge Hengstenbergs. Sie kennzeichnen ihren Urheber deutlich dadurch, daß als die einzig der Erörterung werthe Frage die Stellung des Kirchenregiments behandelt wird und von sonstigen anderweiten kirchlichen Einrichtungen nicht die Rede ist. Betrachtet man jene Vorschläge selbst, so kann es nicht zweifelhaft sein, daß der Verfasser das nach seiner Meinung Wünschenswerthe ohne Weiteres mit dem rechtlich Zulässigen identificirt hat.

Wenn die Union rechtsungültig ist, so hat sich seit 1817 das preußische Kirchenregiment eine solche Reihe von Rechtsverletzungen zu Schulden kommen lassen, daß die Fortdauer einer so gewissenlosen Kirchenleitung billig Wunder nehmen müßte. In der That — und in Bezug auf diesen Punkt ist es gerade Pflicht des Kirchenrechtslehrers, Protest einzulegen — kann die Rechtsbeständigkeit der Union keinem Zweifel unterliegen. Ebenso sicher ist es ferner, daß es nach preußischem Kirchenrechte keine selbstständige, der in der Verfassung ausgesprochenen Privilegien theilhaftige andere lutherische Kirche giebt, als die der Union beigetretene, und daß außer dieser an den gedachten Rechten nur noch die Gemeinden Theil nehmen, welche sich mindestens der Gemeinsamkeit des Regiments gefügt haben und für deren Verhältniß zu den übrigen evangelischen Konfes-

---

*) „Vom Abendmahl des Herrn wird also gelehret, daß wahrer Leib und Blut Christi wahrhaftiglich unter der Gestalt des Brots und Weins im Abendmahle gegenwärtig sei und da ausgetheilt und genommen wird. Derhalben wird auch die Gegenlehre verworfen."

sionsverwandten der §. 39. Tit. 11. Th. II. A. L. R.*) maßgebend ist.

Die Unionsurkunde vom 27. September 1817 ist von dem obersten Inhaber der Kirchengewalt erlassen worden. Man hat die Union den Gemeinden nicht einseitig aufgedrungen, vielmehr hat sie der Erlaß nur zu freier Aneignung dargeboten. Die Kirche als solche und als Ganzes konnte sich aber damals die Union nicht aneignen, da ihr bestimmte Organe behufs Aeußerung ihrer Willensmeinung fehlten, und so blieb nur die Annahme durch die Einzelgemeinden als die einzig mögliche und rechtlich zulässige Art der Geltendmachung ihres Willens übrig.

(Vgl. Richter, Kirchenrecht. 6. Auflage. §. 170. S. 463.)

Einen solchen Willen haben damals die Einzelgemeinden kundgegeben. Allerdings hat vielfach keine ausdrückliche Erklärung, geschweige denn eine Abstimmung in den Gemeinden stattgefunden. Vielmehr ist der Beitritt zur Union meist in der Weise erfolgt, daß die Geistlichen ihre Gemeinden belehrten und dieselben das nach Unionsweise — unter Anwendung des Brodbrechens — gespendete Abendmahl genommen haben. Darin lag indessen offenbar eine juristisch der ausdrücklichen Erklärung gleichstehende Aneignung der Union, weil damit eben thatsächlich, und zwar durch den heiligsten Akt der Kirche, der Beitritt vollzogen war. Mit der Stellung in der Union konnte aber von der Sonder-Existenz und einer Berechtigung der lutherischen Kirche auf die letztere nicht mehr die Rede sein. Eine solche aus den Worten des Erlasses von 1817, wie es Hengstenberg thut, herzuleiten, ist unmöglich. Die Worte jener Ordre: „So sehr ich wünschen muß, daß die reformirte und lutherische Kirche in meinen Staaten diese meine wohlgeprüfte Ueberzeugung mit mir theilen mögen, soweit bin ich, ihre Rechte achtend, davon entfernt, sie aufzudringen und in dieser Sache etwas verfügen zu wollen,“ sprechen es nur aus, daß der Beitritt zur Union Sache des freien Entschlusses sein sollte. Wo aber ein solcher damals erfolgt ist, da konnte er nur unter der in jenem Erlasse selbst als Wesen der Union ausgesprochenen Voraussetzung geschehen, daß „die lutherische und die re-

---

*) „Protestantische Kirchengesellschaften des Augsburgischen Glaubensbekenntnisses sollen ihren Mitgliedern wechselseitig die Theilnahme auch an ihren eigenthümlichen Religionshandlungen nicht versagen, wenn dieselben keine Kirchenanstalt ihrer eigenen Religionspartei, deren sie sich bedienen können, in der Nähe haben.“

formirte Kirche beide eine neu belebte, evangelisch-christliche Kirche im Geiste ihres heiligen Stifters werden" sollten. Mit der erfolgten Annahme der Union hatten sich also die Gemeinden auch diese Voraussetzung angeeignet, von jenem Recht der lutherischen Kirche auf Sonder-Existenz war daher keine Rede mehr, ja aus demselben Grunde können selbst Gemeinden, welche damals nicht konfessionell gemischt, sondern rein lutherische Konfessionsgemeinden waren, sofern sie der Union beigetreten sind, jenen Anspruch nicht erheben.

Gerade diese letzte Auffassung, welche auch Richter, Beiträge zum Preußischen Kirchenrecht S. 34 vertritt, verdient scharf hervorgehoben zu werden. Denn dadurch wird die Unberechtigtheit des Hengstenbergschen Standpunktes, welcher davon ausgeht, daß die lutherische Kirche de jure durch die Vorgänge des Jahres 1817 intakt geblieben ist, und eine funfzigjährige Entwickelung unserer Landeskirche läugnet, auf das Evidenteste klargestellt.

Allerdings meint Hengstenberg (S. 1181): „Gerade die lebendigsten Glieder der Kirche haben sie (die Zustimmung zur Union) versagt. Die armen Kandidaten abgedrungenen Unionsreverse, die jetzt schon längst abgestellt sind, die formlosen Beitrittserklärungen schlafender Gemeinden, die ihre kirchliche Berechtigung als solche gar nicht haben, sondern nur im Zusammenhange mit dem ganzen Organismus der Kirche, der in Preußen durch die Zerstörung eines selbstständigen lutherischen Kirchenregiments aufgehört hatte, zu existiren, und Aehnliches wird kein gerecht und billig Denkender geltend machen." Indessen enthalten diese Bemerkungen nichts Anderes als Behauptungen klar am Tage liegender Unrichtigkeiten. Wo hat die Abdringung von Unionsreversen Statt gefunden? Ist doch die Unterzeichnung solcher Reverse nicht einmal allgemein, so z. B. nicht in Schlesien, der Rheinprovinz, Westphalen und Preußen (vgl. Richter a. a. O. S. 25 Note 15) üblich gewesen. Die Union, vorbereitet und unterstützt durch die damalige Theologie, namentlich durch Schleiermacher, hatte in dem neu belebten religiös-kirchlichen Interesse, wie es die Freiheitskriege hervorgerufen hatten, ihren mächtigen Anhalt, und es ist weiter bekannt, daß die Initiative König Friedrich Wilhelms III. fast allseitig freudige Zustimmung fand. Wie man unter solchen Umständen von schlafenden Gemeinden reden kann, ist nur dann erklärlich, wenn man konfessionelle Geschichtsschreibung in dem Maaße wie Hengstenberg betreibt, welcher ja auch S. 1164 das Heer Friedrichs des Großen zu dem gottesfürchtigsten der Welt gestempelt hat, weil es aus Söhnen der lutherischen Landeskirche bestanden habe.

Und welche Rechtsverletzungen sind nun der lutherischen Kirche zugefügt worden? Der Erlaß vom 27. September 1817 hatte offenbar eine in der Lehre vollständig vollzogene Ausgleichung und Einigung vorausgesetzt. In Folge der inzwischen gegen die Union erhobenen Opposition ging die Ordre vom 28. Februar 1834 den Lutheranern schon einen Schritt entgegen, indem sie erklärte, daß die Union kein Aufgeben des bisherigen Glaubensbekenntnisses bedeute und bezwecke, sowie daß damit ebensowenig die bisherige Autorität der Bekenntnißschriften der beiden evangelischen Konfessionen aufgehoben worden sei.*) Später ist denjenigen Lutheranern, welche selbst in der gedachten milden Form der Union eine Gewissensbedrückung zu finden glaubten, durch die General-Koncession vom 23. Juli 1845 „für die von der Gemeinschaft der Landeskirche sich getrennt haltenden Lutheraner“ die Möglichkeit gewährt worden, sich zu einer kirchlichen Gemeinschaft zu konstituiren, deren Befugnisse nicht nach dem Charakter eines einfachen exercitium religionis privatum bemessen sind, sondern auch manche Momente des exercitium publicum, in sich enthalten. Zur Gewissensschonung der in der Landeskirche bleibenden Lutheraner hat sogar die Kabinets-Ordre vom 6. März 1852 für Fragen, deren Entscheidung nur aus einem der beiden Bekenntnisse geschöpft werden könne, eine itio in partes der Mitglieder

*) Dem Verfasser der oben genannten bei Rauh erschienenen Brochüre, welcher anscheinend gar keinen Unterschied zwischen dem im Jahre 1817 und dem 1834 ausgesprochenen Unionsgedanken anerkennen will (s. S. 15 ff.) kann ich in dieser Hinsicht nicht beistimmen. Man erweist mit der im Text hingestellten Auffassung, welche auch Richter a. a. O. S. 30. 31 vertritt, Friedrich Wilhelm III. noch nicht „die schlechte Ehre, daß er durch Machtspruch an dem durch die Annahme der Union geschaffenen Bekenntnißstand der Kirche einseitig und willkührlich gedeutet und geändert habe.“ In den damals geschaffenen Bekenntnißstand der Einzelgemeinden hat die Ordre nicht eingreifen wollen, ebensowenig läßt sich aus ihr ein Verbot einer weiter gehenden Union als die der bloßen Kirchenregiments- und Abendmahlsgemeinschaft entnehmen. Sie spricht nur den Grundsatz aus, daß mit der Annahme der Union eine über die letzten beiden Punkte hinausgehende Gemeinschaft nicht nothwendig und von selbst bedingt ist. Sonach liegt der Unterschied darin, daß der ältere Erlaß eine weiter gehende Vereinigung voraussetzte, ohne sich näher über den in der Ordre von 1834 erledigten Punkt auszusprechen. Es lag 1817 noch keine Veranlassung vor, das Minimum zu bezeichnen.

des Ober-Kirchenraths nach den Konfessionen angeordnet. Wenn man weiter noch auf die Einführung des Gebrauchs der Parallelformulare durch den Erlaß des Ober-Kirchenraths vom 7. Juli 1857 bei der Abendmahlsspendung (Mosers allgem. Kirchenblatt. 1857. S. 393) verweisen darf, so kann nur eine tendenziöse und einseitige Auffassung der Verhältnisse als Quelle der Behauptung bezeichnet werden, daß der lutherischen Kirche durch das unirte Regiment eine Summe von Rechtsverletzungen zugefügt worden ist.

Ich glaube in den vorstehenden Ausführungen gezeigt zu haben, daß die Union weder rechtsungültig gewesen, noch daß das Gewissen der Lutheraner irgendwie in der preußischen Landeskirche bedrückt worden ist.

Möglich wäre es aber, daß der Unionsgedanke dem Bewußtsein unserer Gemeinden heute direkt widerspräche, und daß eine augenblickliche so spezifisch konfessionelle, namentlich lutherische Strömung durch unsere unirte Landeskirche ginge, daß auch die milde Form der Union schon als unerträglicher Gewissenszwang erschiene. Ein solcher schreiender Widerspruch zwischen dem formellen Rechtszustand und dem Bewußtsein der Gemeinden, also dem innerlichen Bedürfniß müßte ja ein gewissenhaftes Kirchenregiment zur Abhülfe veranlassen. Es wird mir jeder zugeben, daß von solchen, entschieden konfessionellen Erregungen in unseren Gemeinden nicht die Rede ist. Meint doch Hengstenberg selbst (S. 1167): „Konfessionelle Erregung liegt gar wenig im Geiste der Zeit."

Aber es ist nicht blos der Standpunkt der angeblichen Rechtsungültigkeit der Union und der gegen die lutherische Kirche verübten Rechtsverletzungen, von welchem aus man gegen die Union operirt und die Zertrümmerung der altpreußischen Landeskirche zu erreichen sucht. Auch der „deutsche Theologe" hat in seiner im Anfang erwähnten Schrift das schwer wiegende Wort ausgesprochen (S. 10): „Die Union ist unmöglich." Nach ihm soll die Union als kirchenregimentliches Princip aufgegeben und die Konföderation an ihre Stelle gesetzt werden.

Die Union also unmöglich? Warum? Das christliche und kirchliche Bewußtsein ist so erstarkt, daß kein König und kein Ministerium den neuen Landestheilen die Union aufzudrängen vermag. (In Nassau und in einem Theile von Hessen besteht sie aber doch schon längst!) Die Union in den alten Landestheilen zu konserviren, in den neuen aber nicht, der Ober-Kirchenrath als oberste kirchliche

Behörde der ersteren, das Ministerium die Regierungsbehörde über die letzteren („als kirchliches Ausland in kirchlicher Personal-Union") wäre eine unlogische und praktisch undurchführbare Kombination (S. 11). Aber auch im Altlande hat die Union nicht gehalten, was man damals auf allen Seiten sich von ihr versprochen. Hätte sie in ihren Ursprüngen jene zeugenden Lebenskräfte gehabt, wäre sie mehr That Gottes an seiner Gemeinde, als aus vorbedachtem gutem Rath der Menschen entsprungen, sie würde siegreich alle Widerstände überwunden und die kirchliche Geschichte der letzten fünfzig Jahre zu einer wesentlich andern gestaltet haben. Sie hat dies nicht vermocht. Statt einer Förderung ist sie von Jahrzehnt zu Jahrzehnt in steigendem Maaße zu einer Schwierigkeit geworden, und der Streit für und wider dieselbe hat viele der besten Kräfte absorbirt, viele der besten Unternehmungen lahm gelegt (S. 13. 14).

„Selbst nicht einmal eine Macht im Volksleben ist die Union geworden." Der „deutsche Theologe" ist in Ostpreußen, in Pommern und in der Mark gereist, er hat es überall, ja selbst in Berlin, in Ausprägung gottesdienstlicher Formen und manchem Andern lutherischer gefunden, als in Schleswig-Holstein und Hannover. Es ist ihm weiter eine nicht zu leugnende Thatsache, daß die Mehrzahl der regsamsten und tüchtigsten geistlichen Kräfte in den östlichen Provinzen in mehr oder minder scharf ausgeprägter lutherisch-konfessioneller Richtung sich bewegt. Dem kommt weiter, auf's große Ganze angesehen, ein natürlicher Zug im Volke entgegen. Die der Union freundliche Gemeinde dagegen ist der gebildete und halbgebildete, religiös aufgeklärte Mittelstand, der, was ihm an religiösem und christlichem Verständniß und am Ernste christlichen Lebens fehlt, als ebenso viele Vorzüge seines geläuterten Christenthums mit Behagen aus dem Munde der theologischen Koryphäen dieser Richtung preisen hört (S. 15. 14).

Das der Kern der Ausführung des „deutschen Theologen." „So sind wir" — schließt er dieselbe — „wer will's nicht offen gestehen? — mit der Union in eine Sackgasse gerathen, in einen in der That unhaltbaren Zustand. Unhaltbar, weil er der innern Wahrheit ermangelt, unhaltbar, weil er die Schwierigkeiten des Kirchenregimentes von Jahr zu Jahr häuft, unhaltbar, weil die Union, ursprünglich ein Werk zur Fortsetzung des kirchlichen Territorialismus, in dem werdenden deutschen Einheitsstaat vollends unmöglich geworden ist."

Ich kann diese Auffassung der Union nur als eine vollkommen schiefe bezeichnen. Schon die Behauptung, daß die Union im Preußen des Jahres 1815 eine kirchenpolitische Nothwendigkeit gewesen sei, und daß es durch sie allein ermöglicht worden, den kirchlichen Territorialismus in das zum Großstaat sich entwickelnde Preußen herüberzuretten (S. 2), steht mit der klar zu Tage liegenden Thatsache in Widerspruch, daß nicht im Entferntesten politische Motive bei Einführung der Union auf Friedrich Wilhelm III. eingewirkt haben. Dem „deutschen Theologen" scheint es unbekannt zu sein, daß sich die Idee der Union schon in einer Ordre vom 18. Juli 1798 angedeutet findet (s. v. Mühler, Geschichte der evangelischen Kirchenverfassung in der Mark Brandenburg. S. 348), daß also dieser Gedanke den König schon beherrschte, ehe die schweren Katastrophen über unser Vaterland hereingebrochen waren und ehe nach den glänzenden Thaten der Jahre 1813 bis 1815 von dem seine Großmachtstellung wieder einnehmenden Preußen die Rede sein konnte.

(Vgl. auch: Großpreußen und die Union. S. 49 ff.)

Er hat vergessen, daß schon unter den Brandenburgischen Kurfürsten das Kirchenregiment in einer Weise geführt worden ist, deren Endziel nur die Union sein konnte, und daß schon am Ende des vorigen Jahrhunderts in den westlichen Provinzen zwischen Lutheranern und Reformirten die Union Fuß gefaßt hat (s. Jacobson, evangelisches Kirchenrecht. S. 9). Es scheint ihm weiter unbekannt zu sein, daß gerade von 1808 ab bis zum Jahre 1822 nur mit Unterbrechung durch die Kriegsjahre unter lebhafter Betheiligung Schleiermachers verschiedene Verfassungsentwürfe zu Stande kamen, welche namentlich der Geistlichkeit einen größeren Einfluß auf die kirchlichen Angelegenheiten sichern und Presbyterien in den Gemeinden schaffen wollten.

(Vgl. Dove in seiner Zeitschrift für Kirchenrecht. Bd. 2. S. 154 ff.)

Ja noch in der Ordre vom 9. April 1822 ist die Rede von einer „Versammlung der angesehensten evangelischen Geistlichen aus allen Provinzen mit einer angemessenen Anzahl an zweckmäßig ausgewählten Männern weltlichen Standes, von beiden Glaubensbekenntnissen, zur Berathung über alle dahin gehörige, das Heil der evangelischen Kirche betreffende Gegenstände und vorzüglich zum Entwurfe der Unions-Urkunde" (v. Mühler a. a. O. S. 330). Sind diese Bestrebungen — namentlich von dem Standpunkt der damaligen

Zeit aus betrachtet — Konsequenzen eines Versuches gewesen, den Territorialismus in den Großstaat Preußen herüberzuretten?

Aber die Union ist ein Zeichen der Zertrennung und sie ist von Jahrzehnt zu Jahrzehnt in steigendem Maaße zu einer Schwierigkeit geworden, und sie hat sogar lähmend auf den Fortgang der Kirchenverfassungsfrage gewirkt! Auch hierin zeigt „der deutsche Theologe" wieder seine völlige Unkenntniß der Sachlage. Die altlutherische Partei hat trotz ihrer achtungswerthen Begeisterung und Opferfähigkeit der Union keinen wesentlichen Abbruch gethan. Erst der neulutherischen Partei, deren Anhänger früher bei drohender Gefahr sich zum Theil von den Altlutheranern getrennt hatten, ist das Verdienst vorbehalten geblieben, durch ihre in Verbindung mit der politischen Reaktion geltend gemachten konfessionellen und hierarchischen Tendenzen, durch die s. g. „konservative" Theologie und Kirchenrechtslehre, die Union zu unterwühlen, so daß der eben mitgetheilte Satz des „deutschen Theologen" seine vollkommene Wahrheit hat, — wenn man statt des Wortes: „Union" die Worte: „neulutherische Partei" liest. Bedürfte es dafür noch eines Beweises, so mag dem „deutschen Theologen" nur das Wort des damaligen Prinz-Regenten in der Ansprache vom 8. November 1858 entgegen gehalten werden: „Es ist mein fester Wille und Entschluß, die evangelische Union, deren segensreicher Entfaltung eine mit dem Wesen der evangelischen Kirche unverträgliche Orthodoxie" (d. i. das Neulutherthum) „hinderlich in den Weg getreten ist, aufrecht zu erhalten und weiter zu fördern!"

Allerdings bleibt die den Unionsfreunden schon früher und auch von dem „deutschen Theologen" vorgehaltene Thatsache (S. 15) unläugbar bestehen, daß es die Union in einem fünfzigjährigen Bestande zu keiner Fixirung eines kirchlichen Bekenntnisses gebracht hat. Diese Behauptung, welche so gern wiederholt wird, um den Vorwurf des Rationalismus oder gar des Unglaubens auf die Vertheidiger der Union zu werfen, wäre nur dann seitens der Anhänger des Konfessionalismus gerechtfertigt, wenn dieser letztere, genau betrachtet, anders zu den Symbolen stände, als diejenigen, welche der s. g. positiven Union anhängen. Kein lutherischer Theologe hält heute mehr an jedem Worte, jeder Ausführung der Augustana fest. Ruft doch der „deutsche Theologe selbst aus: „Oder wo wäre heute in Deutschland ein einziger lutherischer Lehrer der Theologie, der, mit der Wage strikt orthodoxer Theologie gemessen, für voll befunden werden könnte!"

Auch die exklusiv lutherische Theologie nimmt also heute dem Bekenntniß gegenüber einen freieren Standpunkt ein, und wenn dieser letztere nothwendig bei den einzelnen Theologen zu verschiedenen Auffassungen über dieselben Gegenstände führen muß und geführt hat, so haben diese nicht das mindeste Recht, weil die Unionstheologie in andern Punkten dieselbe Freiheit für sich beansprucht, der letzteren ihre eigene Bekenntnißtreue rühmend entgegenzuhalten. Ebensowenig, wie die Unionstheologie im Stande sein wird, ein allseitig adoptirbares Bekenntniß zu entwerfen, wird es den lutherischen Theologen, welche den Konfessionalismus als das Zeichen wahrer Kirchlichkeit und Christlichkeit predigen, gelingen, die lutherische Lehre unter Ausscheidung desjenigen, was in den Symbolen der freien Selbstauslegung anheimgegeben ist, heute zu Tage übereinstimmend zu formuliren. Und wenn immer darauf hingedeutet wird, daß die Union im Gegensatz zum Lutherthum bekenntnißlos ist, so übersieht diese Behauptung die bekannte Thatsache, daß das Bekenntniß der Union in dem offen zu Tage liegenden Konsens der lutherischen und reformirten Symbole besteht und die Union die Augustana von 1530 (abgesehen von dem der freien Auslegung anheimfallenden Artikel 10) als ihr Bekenntniß in Anspruch zu nehmen befugt ist. Man sollte also diesen Vorwurf füglich bei Seite lassen und bedenken, daß der heutige Zustand der Theologie, die allseitig und lebhaft angeregte wissenschaftliche Forschung, welche nicht zum geringsten Theile gerade den Unionstheologen als Verdienst angerechnet werden darf, es in unserer Zeit bei der Fülle von wissenschaftlich noch nicht klar gestellten Punkten geradezu unmöglich machen muß, Bekenntnisse oder Symbole im früheren Sinne zu fixiren.

Einer Wissenschaft, welche sich in einem solchen Fluß befindet, unter deren einzelnen Vertretern heute viel größere Differenzen bestehen, als einst zwischen Lutheranern und Reformirten; dem besseren Theile der evangelischen Geistlichkeit, d. h. demjenigen, welcher gerade an diesen neueren Bestrebungen lebhaften Antheil nimmt, wird man daher auch, wie der Verfasser der bei Rauh erschienenen Brochüre vollkommen richtig hervorhebt (S. 21. 25), den starren Konfessionalismus nicht wieder aufdrängen, d. h. ihnen die Union nicht nehmen können.

Wenn endlich von dem „deutschen Theologen" auf die Gemeinden selbst hingewiesen worden ist, so erscheint es seitens eines Theologen mindestens wunderbar, den s. g. „gebildeten und halbgebildeten religiös aufgeklärten Mittelstand," welcher nach seiner Meinung der Union anhängt, gewissermaßen als ketzerisch aus der ächten und wahren Kirche auszuschließen. Es ist zwar richtig, daß gerade in diesem Stande, welcher heute in unseren Verhältnissen die wichtigste und einflußreichste Stellung einnimmt, ein großer Theil der Kirche entfremdet ist. Zieht man aber in Betracht, daß in unserer von dem Konfessionalismus als ungläubig und irreligiös verschrieenen Zeit im Grunde der Stand der Sittlichkeit ein höherer und besserer ist, als jemals früher, daß an gemeinnützigen, die christliche Liebe bethätigenden Anstalten und Unternehmungen keine Zeit sich mit der unsrigen vergleichen kann, so liegt der Grund jener Abwendung sicherlich nicht allein in dem Unglauben, sondern darin, daß eben jener starre Konfessionalismus und rein theologische Streitigkeiten den größten Theil der gebildeten Laien nicht befriedigen, daß in unserer Zeit, die einen entschiedenen Zug zu dem Realen hat, auch die Neigung zu der realen, praktischen Seite des Christenthums, nicht aber zu dem Christenthum der reinen Lehre im Sinne des 17. Jahrhunderts sich geltend macht. Wenn man zugiebt, daß die Union dem religiösen Bewußtsein dieser Klassen der Gesellschaft entspricht, und sie trotzdem für machtlos erklärt, weil ihre Anhänger die ungläubigen Christen sind, so heißt das nichts Anderes, als sich die Thatsachen nach dem Beweissatze, den man erhärten will, zurechtlegen. Dafür, daß man in diesen Kreisen aber die Union zu schützen weiß und auch aus religiösem Interesse an ihr festhält, liefern die bekannten Vorgänge in dem Städtchen Bahn in Pommern und neuerdings die in Königsberg i. d. N. doch hinlängliche Beweise. Auch der Verfasser der vorhin gedachten Brochüre bemerkt S. 19 — wie ich hinzusetzen kann, aus eigener praktischer Anschauung — gegen den „deutschen Theologen": „Er hat sich offenbar — um von den Hengstenbergschen „„Gustav-Adolfs-Gemeinden"" zu schweigen, an Orten, wie Köln, Bonn, Koblenz, Trier, nicht richtig umgesehen, sonst hätte er zahlreiche, große, blühende Gemeinden entdeckt, die von „Reformirt" oder „Lutherisch" gar nicht mehr wissen, sondern nur von „Evangelisch", die, weil sie ursprünglich aus Reformirten und Lutheranern zusammengetreten oder erst in der Union geboren sind, für die lutherische oder reformirte Konfession gar nicht reklamirt werden können." So ließe sich noch eine weitere Reihe von Beispielen*) auch für die übrigen Provinzen

*) Es mag gestattet sein, hier noch die Mittheilungen von H. Eltester

anführen, und wie weit der Geist der Union in unser Volk eingedrungen ist, ergiebt der Umstand, daß die Unterschiede zwischen Lu-

(Protestantische Kirchenzeitung 1867. No. 7. S. 150) über die Verhältnisse in Potsdam folgen zu lassen: „Hier in Potsdam sind sämmtliche evangelische Gemeinden der Union beigetreten. Nur von einer der französisch reformirten ist mir das nicht bekannt: doch fehlt darum auch in ihr nicht der Geist und das Wesen der Union. Wenigstens habe ich nie gehört, daß sie irgend einen von den bei ihren Abendmahlen sich aus anderen Gemeinden Einfindenden weggewiesen oder nach seinem Bekenntniß gefragt, noch auch daß sie jemals Anstoß daran genommen hätte, wenn ihr Prediger in der Lage war, einen „unirten" oder „lutherischen" Amtsbruder für sich fungiren zu lassen. Die andern Gemeinden aber sind sämmtlich unirt; selbst die beiden Gemeinden der Heiligengeist-Simultan-Kirche, die wegen der Verschiedenheit der kirchlichen Intraden, namentlich der jura stollae, dem Namen nach auseinandergehalten und als lutherische und reformirte Heilige-Geist-Gemeinde geführt werden müssen. Beweis dafür ist außer vielem Andern, worauf ich hier nicht näher eingehen will, der Umstand, daß ich der gegenwärtige Prediger der lutherischen Gemeinde der Heiligen-Geist-Kirche, in diese Stelle berufen worden bin, nachdem ich 12 Jahre lang der reformirten Gemeinde derselben Kirche vorgestanden habe, trotzdem ich ausdrücklich feierlich und öffentlich erklärt habe: lutherisch würde ich niemals werden, sondern evangelisch, und derselbe auf derselben Kanzel dasselbe predigen, was ich schon immer verkündet, das Evangelium von Christo! Ebenso ist in meine frühere „reformirte" Stelle ein gleich entschieden „Unirter", der aber geschichtlich von der lutherischen Kirche herkam, getreten. Trotzdem wäre, wenn der Vorschlag des „Lutheraners in der preußischen Landeskirche" zur Verwirklichung gelangte, es nicht allein möglich, sondern nach den bereits angeführten Principien dieser Partei sogar unvermeidlich, da unsere Gemeinden ja keinen Vertrag über die Union geschlossen haben, dieselben bei der Vertheilung der Kirche unter die neu zu etablirenden Senate die eine „dem reformirten", die andere „dem lutherischen Senate" unterzuordnen. Das würde nun schon an sich eine feine „Ordnung" geben. Aber dabei bliebe es nicht. Wie man sich auch bemühte, sämmtliche Kirchen Potsdams, die nicht einmal alle so schlagende Präcedentien wie die unsere aufzuweisen haben, in integrum, d. h. in das Lutherthum zu restituiren, eine wenigstens würde man jedenfalls eine unirte sein und bleiben lassen; das ist die Hof- und Garnisonkirche, diese — daß ich so sage — Mutterkirche der Union, in der Friedrich Wilhelm III. mit seinen Grenadieren und mit der Gemeinde das Abendmahl gefeiert; bei der er, um die letzten Spuren der Spaltung wegzuwischen, und ausdrücklich zu diesem Zwecke die bei der früheren lutherischen Gemeinde der Kirche üblichen Stolgebühren abgeschafft hat: diese, sage ich, wird man doch wohl als unirte Kirche stehen lassen müssen. Nun umfaßt aber diese unzweifelhaft unirte Kirche außer der Hof- und Garnisongemeinde noch einen Civilsprengel: einen kleinen lutherischen und etwas größern reformirten; so daß die Reformirten der ganzen übrigen Stadt und der Vorstädte fundationsmäßig zur Heiligen-Geist-Kirche gehören, die in der Mammons-, Breiten- 2c. Straße dagegen dem Sprengel der Garnison-Kirche anheimfallen. So entscheidet also in Potsdam die Wohnung über die „Confession", mit jener therisch und Reformirt meistens aus dem Bewußtsein desselben verschwunden sind, während der Gegensatz zwischen Protestantismus und Katholicismus sich lebendig erhalten hat.

Wenn der „deutsche Theologe" auf die Anschauungen des Mittelstandes kein Gewicht gelegt wissen will, so fragt man billiger Weise mit welchem Rechte er denn gerade Adel und Bauernstand zu den wahren Repräsentanten der religiösen Stimmung im Volke macht. Der größte Theil des ersteren steht mit dem Mittelstande hinsichtlich seiner religiösen Anschauungen auf vollkommen gleicher Stufe, während der übrige durch die politisch konservativen Interessen auf die Seite des antiunionistischen Neulutherthums gezogen wird. Im Bauernstande wird man ebensowenig etwas von einer spezifisch konfessionellen Stimmung merken. Von wirklichem Bewußtsein des Unterschiedes zwischen Lutherthum und reformirter Lehre ist doch bei dem durchschnittlichen Bildungsstande nicht die Rede, sondern nur von einem unmittelbaren, naiven Bibelglauben, welcher kaum das Bedürfniß fühlt, sich bestimmte Lehrsätze über das Christenthum anzueignen, aber für die Bethätigung eines sittlich-religiösen Lebens jedenfalls ebenso lebendig zu wirken im Stande ist, wie eine vollkommene dogmatische Beherrschung der christlichen Lehre. Freilich bieten gerade deshalb diese Kreise einen geeigneten Boden für etwaige Versuche einer künstlichen konfessionellen Erregung und für das s. g. Amts- und Autoritäts-Lutherthum kommt es vorzüglich auf diesen Bestandtheil an, um sich die reale Voraussetzung seiner Lehre von der Kirche als Institution über den Gemeinden, nämlich die ungegliederte, ungebildete und autoritätsbedürftige Masse, zu schaffen.

Ich habe hier nicht an und für sich nochmals das ideelle Recht der **Union** vertheidigen, sondern nur eine Reihe von Momenten dafür hervorheben wollen, daß ein inneres Bedürfniß die formell zu Recht bestehende **Union** unserer Landeskirche durch die Dreitheilung zu beseitigen, nicht als vorliegend angenommen werden kann.

---

wird auch diese gewechselt. Der heute Heiligengeistkirchen-Reformirte wird morgen unirt; und wieder der Garnisonkirchen-Unirte wird ein „geschichtlich Reformirter" und kommt unter einen andern „Senat" — blos weil er eine Straße weiter gezogen ist. Und ähnlich ist es mit den „geschichtlich Lutherischen"; ähnlich mit allen evangelischen Einwohnern der Stadt, ja des ganzen preußischen Staates, wenn sie, die „geschichtlich Lutherischen und Reformirten", hierorts in Kriegsdienst treten oder zu einem Hofamt berufen werden, oder umgekehrt aus diesen Lebensstellungen in die gewöhnlichen bürgerlichen Verhältnisse zurückkehren."

Entspricht aber der formelle Bestand dem höheren materiellen Recht, so wäre es geradezu freventlich, die bestehende Rechtsordnung zu zerreißen. Diejenigen, welche diese Zertrümmerung predigen, und wie Hengstenberg ein so zartes und feines Rechtsgefühl hinsichtlich der s. g. Bedrückungen der lutherischen Kirche haben, verläugnen dies der Landeskirche gegenüber vollkommen. Soll die letztere in drei Stücke zerrissen werden, so fragt es sich doch unter allen Umständen, ob sie selbst ihre Vernichtung will, und soll die aus der angeblichen Bedrückung befreite lutherische Kirche mit den Lutheranern in den neuerworbenen Provinzen vereinigt werden, so ist ferner noch der Wille der lutherischen Kirchen dieser letzteren zu erforschen.

Eine solche Achtung vor der Selbstbestimmung, namentlich der unserer Landeskirche, besitzt Hengstenberg nicht. S. 1170 (a. a. O.) sagt er: „Der Bekenntnißstand der Gemeinden wird nur nach dem geschichtlichen Rechte beurtheilt werden können. Wenn man den augenblicklichen Meinungen entscheidende Bedeutung beilegt, so macht man alles unsicher, öffnet der Agitation freien Spielraum, verzehrt die besten Kräfte in Streitereien und gefährdet den Bestand der Kirche, gelangt auch nicht zu einem Resultate, welches der Wahrheit und der Gerechtigkeit entspricht. In der Tiefe sieht es oft ganz anders aus, als auf der Oberfläche, die bei der Abstimmung nach zufälligen Majoritäten allein zu Worte kommt. Wenn diese einmal gelten sollte, so müßte auch die Abstimmung stets erneuert werden können, und nach ihrem jedesmaligen Resultate müßte der Bekenntnißstand der Gemeinden bestimmt werden. Was dabei herauskommen muß, liegt am Tage. Wer dazu rathen wollte, würde sich als einen schlimmen Feind auch des Preußischen Staates kundgeben, dessen Fundamente durch solche lüderliche Wirthschaft in der Kirche wankend gemacht würden."

Mit dem geschichtlichen Bekenntnißstand meint Hengstenberg denjenigen, welchen die Einzelgemeinde vor der Einführung der Union hatte, und damit wird der wahre geschichtliche Bekenntnißstand, d. h. derjenige, wie ihn die geschichtliche Entwicklung der letzten 50 Jahre festgestellt hat, ignorirt. Weil dieser letztere der wahre und zu Recht bestehende ist, so müßte heute, um die beabsichtigte Dreitheilung auf rechtlichem Wege zu ermöglichen, Mangels eines die ganze Landeskirche vertretenden Organs die Einzelgemeinde gehört werden. Statt dessen predigt Hengstenberg den entschiedensten Territorialismus, der Landesherr soll von oben herab die Dreitheilung dekretiren. Die

Abstimmung in der Gemeinde paßt nicht zu der Auffassung der Kirche als Macht und Institution über den Gemeinden, und gerade die Realisirung dieses Gedankens, die Restitution des reinsten Episkopalsystems ist das Ziel, um dessentwillen eben jene Dreitheilung gefordert wird. Man fühlt wohl, daß die Gemeinden selbst, wenn man sie fragen würde, sich nimmermehr dazu verstehen werden, eine Kirchenverfassung aufrichten zu helfen, nach welcher dem geistlichen Stande fast ausschließlich das entscheidende Wort bei der Leitung der kirchlichen Angelegenheiten zukommt und die Laien in todtem Buchstabenglauben sich der Macht dieser durch das Amt repräsentirten lutherischen Kirche zu fügen haben würden. Darum wird die etwaige nothwendige Befragung der Gemeinden — daß diese rechtlich erforderlich sein würde, nimmt auch der Ober-Kirchenrath in seiner Denkschrift, betreffend die gegenwärtige Lage der evangelischen Landeskirche Preußens vom 18. Februar 1867. S. 13 an — als Einführung einer liederlichen Wirthschaft charakterisirt. Man verläugnet die einfache Thatsache, daß der Wille einer Gesammtheit naturgemäß nicht anders als durch Abstimmung festgestellt werden kann. Man übersieht weiter, daß, wenn einmal der Wille der Gemeinde über einen gegebenen Gegenstand festgestellt ist, damit eine rechtlich gültig zu Stande gekommene Erklärung vorliegt, welche die zur Zeit der Abgabe vorhandenen Gemeindemitglieder bindet, aber auch zugleich die später hinzutretenden verpflichtet, weil diese durch den Beitritt zur Gemeinde sich damit auch den früher gefaßten Beschlüssen derselben unterwerfen. Man stellt endlich die verderbliche Perspective hin, daß bei der Zulässigkeit der Abstimmung heute plötzlich die Gemeinde ihre Zugehörigkeit zur reformirten Kirche, in acht Tagen ihren Beitritt zur Union und vielleicht nach vierzehn Tagen ihren Uebertritt zur lutherischen Kirche beschließen könnte, und ignorirt, daß diese Gefahr durch die eben geltend gemachten Momente sich einfach von selbst erledigt.

Ebenso wenig wie man die Gemeinden in den alten Provinzen ungehört der purificirten lutherischen Kirche wird zutheilen dürfen, ebenso wenig wird man die lutherischen Gemeinden der neuerworbenen Länder ohne Weiteres aus ihrem bisherigen Verbande herausreißen und sie ohne Gehör der beabsichtigten neuen lutherischen Gesammtkirche einverleiben können. Hierzu kommt noch, daß dadurch der Rechtsbestand der lutherischen Kirche Hannovers unter allen Umständen auf das Empfindlichste alterirt werden würde. Diese besitzt die beachtenswerthe Kirchenvorstands- und Synodal-Ordnung vom 9. October 1864, nach welcher ein Landeskonsistorium und eine Landessynode an ihrer Spitze steht. Sollen nun die aus der Preußischen Union befreiten lutherischen Gemeinden und vielleicht auch die separirten Altlutheraner unter ein und dasselbe lutherische Kirchenregiment treten, so wird es, selbst wenn man das lutherische Landeskonsistorium in Hannover mit der Leitung dieser gesammten neuen lutherischen Kirche betrauen wollte, doch unmöglich, der bisherigen hannoverschen Kirche ihre Organisation zu belassen. Das Komplement der Landessynode kann daneben nicht bestehen bleiben. Sind auf derselben die aus dem Altlande hinzugetretenen Gemeinden nicht vertreten, so ist sie eben keine Landessynode mehr, und bis eine Abänderung des jetzigen Rechtszustandes erfolgt, hat sie für die letztgedachten Gemeinden vorläufig gar keine Befugnisse. Erscheint es von vornherein so gut wie unmöglich, in Hannover die jetzige Verfassung bestehen zu lassen, im Altlande aber die Kirche als Institution über den Gemeinden zu organisiren, so bleibt nur die Alternative übrig, entweder die kirchliche Verfassung Hannovers ebenfalls zu beseitigen und auch hier die Organisationsideale des Neulutherthums zu verwirklichen, oder die Verfassung Hannovers auf die lutherischen Gemeinden der Altlande auszudehnen. Das erstere ist ohne Anhörung der Landessynode rechtlich unmöglich, und wer sich die Vorgänge vergegenwärtigt, die zur Einführung der Kirchenvorstands- und Synodalordnung von 1864 geführt haben, der wird kaum einen Zweifel darüber hegen, daß man in dem bei weitem größten Theil Hannovers einen solchen Versuch entschieden zurückweisen würde. Im umgekehrten Falle, d. h. bei der Ausdehnung der hannoverschen Institutionen, müßte die Zusammensetzung der Landessynode geändert werden, und auch unter dieser Voraussetzung könnte dann nicht ohne die Aeußerung derselben vorgegangen werden.

In der gedachten Weise müßte man jedenfalls verfahren, wenn man von dem Standpunkt der Anhänger der Dreitheilung aus legal, d. h. unter Achtung des bestehenden Rechtszustandes, die Errichtung der drei Sonderkirchen in's Werk setzen wollte.

Für die Altlande liegt, wie schon vorhin gezeigt, kein Bedürfniß dazu vor. Im Gegentheil erscheint die Dreitheilung bei Berücksichtigung der faktischen in Frage kommenden Verhältnisse geradezu unmöglich. Die schon vorhin erwähnte Denkschrift des Oberkirchenraths, welcher das Verdienst zukommt, gegen die hier besprochenen Pläne eine entschieden abwehrende Stellung eingenommen zu haben, hebt vollkommen richtig hervor (S. 13):

„Sollte aber hiernach, was nicht zu umgehen wäre, in jeder einzelnen Gemeinde Umfrage angestellt werden, ob die Einzelnen bei der bisherigen Landeskirche, beziehungsweise Union bleiben oder jenen Plan der Trennung derselben in drei Theile gutheißen wollen, so würde kaum in Einer Gemeinde Einstimmigkeit zu erwarten sein, mithin Spaltung und Friedensstörung bis in die einzelnen Parochien hinein getragen werden. Und da ein gesonderter lutherischer Kirchenorganismus auch einen gesonderten Bestand der Geistlichkeit und sonstigen Amtsträger erfordern würde, so ergäbe sich auch eine Auflösung der bisherigen Parochien und die Nothwendigkeit einer endlosen Vermehrung der Kirchensysteme, wobei jedoch die dem bisherigen Rechtszustande treu bleibenden, seien sie Wenige oder Viele, im Besitze und Gebrauch ihrer Rechte zu schützen wären. Ebenso müßte folgerichtig des Religionsunterrichtes halber auch für die Schulen und die Schullehrerseminarien die konfessionelle Scheidung versucht werden. Die projektirte Dreitheilung wäre aber ganz besonders in den Behörden, den Superintendenturen und Konsistorien durchzuführen; überall wären mehrere neben einander gehende gesonderte Instanzen und Kollegien zu organisiren. Auch die evangelisch-theologischen Fakultäten wären statt ihrer bisherigen Einheit zu spalten und auf den engen Rahmen jener konfessionellen Dreifachheit zu spannen, im Widerspruch mit der berechtigten Lehrfreiheit, sowie mit der Mission der Wissenschaft, an der Verständigung der Gegensätze ihrerseits mit zu arbeiten."

Bedürfte es noch eines Beweises dafür, wie unser ganzes Kirchenwesen von der Union durchdrungen ist, so braucht man blos die eben gedachten, bei Beseitigung der Union entstehenden Schwierigkeiten in das Auge zu fassen.

Sie sind nicht zu lösen, und schon deshalb müßte der bisherige landeskirchliche Bestand beibehalten werden. Aus demselben Grunde ist die Union, die Hengstenberg statt der bisherigen in Bereitschaft hat, und die Konföderation, welche der „deutsche Theologe" vorschlägt, unmöglich. Dazu kommt, daß die Hengstenbergsche Union, d. h. die s. g. Union dreier Kirchen ohne Gottesdienstgemeinschaft, mit nur nach Belieben gestalteter Abendmahlsgemeinschaft, mit selbstständigem dreifachem Kirchenregiment, welches Namens ein und desselben Landesherrn in verschiedener Weise gehandhabt wird, eben keine Union, sondern ein bedeutungsloser, rein äußerlicher Verband ist. Auf etwas Anderes kommt auch die Konföderation des „deutschen Theologen", welcher allerdings die zuletzt gedachten praktischen Schwierigkeiten der Auflösung (S. 35 Note *) ebenfalls hervorhebt, kaum hinaus, über diese kann indessen erst später im Zusammenhange mit den ihm eigenthümlichen Verfassungsvorschlägen gehandelt werden.

Ich glaube mit den vorstehenden Ausführungen gezeigt zu haben, daß jene auf die Dreitheilung der Landeskirche gerichteten Bestrebungen zu verwerfen sind.

Der betreffende Vorschlag ignorirt das Recht der Preußischen Landeskirche und das Recht der Kirchen der neuerworbenen Provinzen. Er verläugnet das innerlich begründete Recht der Union und den traditionellen kirchlichen Beruf unseres Vaterlandes. Er setzt sich in Widerspruch mit dem gegenwärtigen Stande der theologischen Wissenschaft und mit dem religiösen Bewußtsein nicht nur des größten Theiles der Geistlichen, sondern auch des Volkes. Practisch kaum durchführbar wegen der innigen Durchdringung aller kirchlicher Verhältnisse durch die Union, würde seine beabsichtigte Realisation zu unsäglicher Verwirrung führen und nur dazu dienen, einer die ächte evangelische Lehre verläugnenden kirchlichen Partei ihre der Kirche verderblich genug gewesene Herrschaft zu sichern.

Die Errichtung selbstständiger Provinzialkirchen.

1. Die Unberechtigtheit des Organisationsprincipes.

Die Neugestaltung der evangelischen Kirche in der Weise, daß eine Reihe selbstständiger provinzieller Kirchenkreise nur durch ein lockeres Band zusammengehalten werden sollen, ist das Ziel, welches der „deutsche Theologe“ und mein Kollege Friedberg im Auge haben.*) Während der letztere, obwohl Jurist, nur sehr unbestimmte Andeutungen über die von ihm als wünschenswerth bezeichnete Neubildung macht, entwickelt der „deutsche Theologe“ ein sehr ausgeführtes Verfassungsprogramm.

Die Ausführung der Projekte beider Verfasser heißt zunächst so viel als Auflösung der bisherigen Landeskirche in eine Reihe von Provinzialkirchen. Das gestehen beide unumwunden ein. Friedberg, welcher sich, wie schon angeführt, allgemeiner hält als der „deutsche Theologe“, bemerkt S. 54. 55:

„Die Organisation dieser Kirchenprovinzen möchten wir besonderer Aufmerksamkeit und Sorgfalt empfehlen. Sie sollen für die neuerworbenen Länder an die Stelle der früheren Territorialkirchen treten. Aber darum muß man sich auch hüten, ihre Circumscription nach jenen äußerlichen Gesichtspunkten anzunehmen, welche wir an den Landeskirchen zu rügen hatten. Gemeinsame Art des Volkes,

---

*) Kurz vor Abschluß meiner Schrift sind mir zwei Recensionen, die eine von einem „deutschen Juristen“ über das Buch des „deutschen Theologen“ in den theologischen Studien ꝛc. Jahrg. 1867. S. 591 ff., die andere von Herrmann, dem bekannten Göttinger Kirchenrechtslehrer, über Friedbergs Schrift in den Göttinger gelehrten Anzeigen dieses Jahres Stück 11. S. 537, zugegangen. Beide vertheidigen, ebenso wie ich, die Aufrechterhaltung unserer Landeskirche.

Gemeinsamkeit des kirchlichen Lebens, kirchlicher Gesinnungen und Anschauungen, Gemeinsamkeit der Entwickelung werden für bestimmte Kreise eine festere Zusammengehörigkeit begründen, als die staatliche Abgränzung jemals ermöglicht hat. Ob dabei die alten Konsistorialbezirke zu belassen, ob sie in den alten Provinzen zu verkleinern, in den neuen zu erweitern seien, ob beispielsweise das unirte Hanau, wie das schon früher einmal geschehen, mit dem unirten Nassau, dieses mit der Rheinisch-Westphälischen Kirche, Lauenburg mit Schleswig-Holstein in Verbindung zu setzen sei, wie überhaupt die Circumscription der Provinzen vollführt werden müsse, darüber zu begutachten, liegt uns hier nicht ob. Nicht vom grünen Tisch aus, sondern durch Kenntniß der realen Verhältnisse, der Wünsche und Neigungen der Gemeinden kann hier das Richtige getroffen werden."

Der „deutsche Theologe" macht dagegen über die Abgränzung der Kirchenprovinzen (S. 54) die detaillirtesten Vorschläge:

„Besehen wir uns denn," meint er, „zur Entdeckung unserer Kirchenprovinzen den preußischen Staat in seinem gegenwärtigen Umfange. Am markirtesten treten uns, wie nach ihrer geschichtlichen Entwicklung, so nach ihrem kirchlichen Bestande Rheinland und Westphalen entgegen, die einzigen Landestheile Deutschlands, die das Glück haben, als Kirchenprovinzen bereits wirklich verfaßt zu sein. Ihr Bestand erscheint uns in jeder Weise unantastbar. Zugleich thun sie dem Gesichtspunkte des übersichtlichen Umfangs, den wir hier, die nähere Definition dem folgenden Abschnitt vorbehaltend, auf durchschnittlich 500—600 Pfarreien höchstens annehmen, Genüge. Nicht so ist dies der Fall bei den älteren Provinzen. Die Provinz Sachsen müßte nach dem oben ausgesprochenen Kanon in zwei oder drei, die Mark desgleichen, Schlesien in zwei, Preußen in zwei Kirchenprovinzen eingetheilt werden. Eine richtige, auf noch erkennbare Stammesnüancen sich stützende Eintheilung würde in Preußen (Ost- und Westpreußen), in Schlesien (Ober- und Niederschlesien), in Brandenburg (Alt- und Neumark) und wohl auch in Sachsen, das mitteldeutsche wie norddeutsche Bevölkerung umfaßt, leicht zu finden sein. Posen und Pommern würden in ihrem Umfang wesentlich unberührt bleiben können." *)

*) Von den neuerworbenen Landestheilen sollen Schleswig-Holstein und Lauenburg eine, Hannover zwei (nämlich Ostfriesland, vielleicht mit dem Osnabrückischen und etwa auch der Kreissynode Tecklenburg die eine von ihnen) bilden. Für Hessen und Nassau, welche zusammen als Kirchenprovinz zu groß wären und wo es eine

Damit werden eine Reihe einschneidender Veränderungen befürwortet, welche nicht minder als der Hengstenbergsche Vorschlag die jetzt bestehende Einheit der Landeskirche in Frage stellen.

Ganz abgesehen davon, daß es geradezu unbegreiflich ist, wie der „deutsche Theologe", welcher als ersten „Kanon" für die Umgestaltung unserer kirchlichen Verhältnisse den Satz hinstellt: „jede Verfassungsreform, die die Freiheit und Selbstständigkeit der evangelischen Kirche gegenüber dem Staate nicht herbeiführt, ist verwerflich'" die Zusammengehörigkeit der Landeskirche der altpreußischen Provinzen lediglich auf dem Wege des von ihm verpönten Territorialismus zerstören will — nach Anhörung einer kirchlichen Notabeln-Versammlung soll der König durch den Ober-Kirchenrath die Union für aufgelöst erklären lassen (S. 86 ff.) —, so müßte doch immer eine Reihe von zwingenden Gründen dargelegt werden, welche es nothwendig erscheinen lassen, an dem vorhandenen Bestande zu rütteln.

Die Hauptveranlassung, welche, wie ich glaube, den „deutschen Theologen" und Friedberg zu der Idee der Ausgestaltung besonderer Provinzialkirchen bewogen hat, scheint die Voraussetzung zu sein, daß sich auf andere Weise eine nähere Verbindung zwischen den kirchlichen Einrichtungen des Altlandes und der neuen Provinzen nicht erreichen ließe. Die Richtigkeit dieser Annahme vorläufig einmal zugegeben, würde daraus immer noch nicht mit Nothwendigkeit die Zertrümmerung der Landeskirche folgen. Wenn beide Verfasser mit der Errichtung ihrer selbstständigen Provinzialkirchen die Rechte der neuerworbenen Landestheile in kirchlicher Beziehung schonen wollen, so darf die Kirche des Altlandes gerade dieselbe Rücksicht in Anspruch nehmen, denn sie hat ebensoviel Recht auf ihre Eigenthümlichkeit, wie die Kirchen der neuen Provinzen auf ihre Individualität. Die Konsequenz vom Standpunkte Beider würde also logischer Weise nur zu einer gewissen Verbindung der kleineren neuen Provinzialkirchen mit der gesammten Preußischen Landeskirche führen. Wegen der verschiedenen Größe dieser Glieder würde freilich die äußere Physiognomie einer solchen von Beiden in verschiedenem Sinne vorgeschlagenen Fö-

Reihe innerlich disparater Gruppen auf kleinem Raume gäbe, wird eine Theilung in eine südliche Provinz, umfassend Nassau, Homburg, Frankfurt, den Kreis Wetzlar, den Konsistorialbezirk Hanau, die hessen-darmstädtischen Gebietstheile und den südlicheren unirten Theil Althessens, und in eine nördliche Provinz, bestehend aus dem übrigen Kurhessen, den bairischen Gebietstheilen und vielleicht dem südlichen, grubenhagenschen Theil von Hannover, vorgeschlagen.

deration eine gewisse Disharmonie bieten, aber jedenfalls steht unzweifelhaft das Recht der Landeskirche auf Bewahrung ihrer Eigenthümlichkeit höher als eine Harmonie in der äußern Größe der einzelnen Glieder jener Föderation.

Betrachtet man die Begründung der beiden im Resultat auf dasselbe hinauskommenden Vorschläge näher, so ist diese eine verschiedene.

Der „deutsche Theologe" geht, wie sich schon aus den früheren Mittheilungen ergiebt, davon aus, daß die Union forthin unmöglich, aber doch nothwendig sei. Dieses Paradoxon soll soviel heißen, daß die Union als kirchengesetzliche Norm aufzuheben und die s. g. Konföderation an ihre Stelle zu setzen ist. Worin besteht nun der Gegensatz dieser „Konföderation" gegen die bisherige „Union"? Das Wesen der ersteren setzt unser Verfasser darin, daß als ihr Kennzeichen nicht nur die Abendmahls-Gemeinschaft, sondern auch die Wählbarkeit der Geistlichen einer Provinzial-Kirche in der andern besteht (S. 80), und er nimmt weiter an (S. 84), daß zum Ausdruck der Einheit und Gemeinschaft des Glaubens wohl alle Provinzial-Kirchen bei ihrer Konstituirung sich jedenfalls zu der Augsburgischen Konfession (die unirten oder reformirten etwa mit Freilassung der Deutung des Artikels 10) bekennen würden. Sieht man der Sache auf den Grund, so ist damit so gut wie gar kein Zusammenhang gegeben. An und für sich gehört es heut in Deutschland wohl jetzt schon zu den seltenen Fällen, daß in irgend einer protestantischen Kirche einem Reformirten seitens des lutherischen Geistlichen das Abendmahl verweigert wird. Man meint nun vielleicht, daß der „deutsche Theologe", ähnlich wie der oben citirte §. 39. Tit. 11. Th. II. unseres Landrechts, ein Recht auf Abendmahlsgemeinschaft statuiren wolle. Das dürfte aber sehr fraglich sein, denn S. 20 sagt er: „Auch die Abendmahlsgemeinschaft erachten wir als eine bedeutungsvolle Errungenschaft der Union, die auch bei konföderirter Gestaltung unserer kirchenregimentlichen Verhältnisse festgehalten werden soll. Sie ist, behaupten wir, bereits eingebürgert, und wird ihre praktische Aufrechterhaltung um so leichter werden, je ungehinderter man die konfessionelle Ausprägung des Abendmahlsritus gewähren läßt, je weniger man über „charitativ" oder „obligatorisch" streitet. Oder ist etwa, was die Liebe gewährt, weniger als das Gesetz fordert?" Schade nur, daß die Liebe bei konfessioneller Ueberspannung sich verläugnen kann! Schade, daß der „deutsche Theologe" einen in der That zwischen Gesetz und Liebe nicht bestehenden Gegensatz geltend macht. Ist eine aus reiner Liebe vorgenommene Handlung darum sittlich weniger werth, weil sie auch das äußere Gesetz vorschreibt? Hat doch das Gesetz nur die eventuelle Funktion, gewisse Handlungen, wenn sie die Liebe nicht erfüllt, erst für diesen Fall zu erzwingen.

Mit dem zweiten Moment der Konföderation, der überall gestatteten Wählbarkeit, ist ebenfalls so gut wie gar kein Zusammenhang gegeben. Die bloße Möglichkeit garantirt noch nicht die wirkliche Anstellung der Geistlichen in den verschiedenen Kirchen und übrigens ist ja auch in einzelnen deutschen Landeskirchen schon jetzt die Berufung ausländischer Geistlicher gestattet, ohne daß dadurch irgendwie ein näherer Zusammenhang der betreffenden Kirchen vermittelt würde.

Wenn sich nun „die Union als kirchliche Gesinnung", deren Ausdruck die s. g. Konföderation ist, in den gedachten beiden Punkten verläugnet, wenn ferner ein Theil der Provinzialkirchen des „deutschen Theologen" nicht zu der vorgeschlagenen Annahme der Augustana sich versteht, dann ist jegliche Verbindung zerrissen, ein Mittel sie herzustellen giebt es nicht. Die Wahrung der Verbindung unter den Provinzialkirchen ist also rein in das Ermessen der einzelnen Kirche gestellt, und daher hat H. v. H. (Großpreußen ꝛc. S. 143) vollkommen Recht, wenn er dem „deutschen Theologen" vorwirft, daß seine Konföderation im Grunde nichts Anderes als Toleranz sei. Geradezu unverständlich ist es mir daher, wie der „Theologe" in Bezug auf die rheinisch-westphälische Kirche behaupten kann, daß in derselben die Union in wesentlich konföderativer Ausgestaltung statt hat, denn hier gewährt nicht allein die Liebe die Gemeinschaft, sondern letztere hat auch durch Verfassung und Recht ihren Ausdruck gefunden.

Somit kommt diese s. g. Konföderation auf nichts Anderes hinaus, als auf die oben erwähnte Hengstenbergsche Pseudo-Union. Hält man aber unter Verwerfung unserer landeskirchlichen Union die lediglich auf die Liebe oder — was praktisch in manchen Fällen dasselbe besagen wird — auf die Willkühr gegründete Konföderation für das einzig Zulässige und Mögliche, macht man sie zum obersten Princip des Verfassungsbaues unserer Landeskirche, so fragt es sich, ob man dann daneben unter Hineinschiebung eines zweiten anderen Principes die einzelnen Provinzialkirchen organisiren kann. Ich halte das für inkonsequent und unlogisch; sagt doch der „deutsche

Theologe" selbst (S. 10): „vor der Verfassungsfrage liegt die Bekenntnißfrage, und der Weg der Lösung jener führt mitten durch diese." Von diesem Standpunkt aus muß er die Provinzialkirchen als einheitliche Konfessionskirchen organisiren. Das thut er aber weder, noch ist das überhaupt möglich. Das letztere wird — um nur ein Beispiel anzuführen — in der Provinz Brandenburg, in welcher vollständig unirte, der Union beigetretene reformirte und lutherische Gemeinden neben einander leben, absolut unausführbar sein, denn die vorgeschlagene Scheidung in eine altmärkische und neumärkische Provinzialkirche — wo bleibt die Mittelmark? oder verwechselt der „deutsche Theologe" die an der Elbe gelegene Altmark mit dieser? — deckt sich nicht im Entferntesten mit der konfessionellen Verschiedenheit. Ein Theil der Provinzialkirchen müßte also jedenfalls die bisherige Union nach den Vorschlägen unseres Gegners beibehalten.

Das Projekt der Errichtung selbstständiger Provinzialkirchen schlägt also entweder dem unternommenen Beweise, daß die Union als kirchengesetzliche Norm unmöglich ist, in das Gesicht, und dann braucht man die Union, welche man aus den Provinzialkirchen nicht eliminiren kann, ebensowenig aus der Landeskirche zu beseitigen. Oder der Obersatz ist richtig, d. h. die Union muß beseitigt werden; dann ist die Konsequenz nicht die Errichtung von Provinzialkirchen, sondern das Hengstenbergsche Projekt der Dreitheilung.

Hiernach kann ich das ganze Gebäude von Deduktionen, durch die der „deutsche Theologe" zu seinen Resultaten gelangt, nur als ein durchaus hinfälliges bezeichnen.

Von einem anderen Punkte aus befürwortet Friedberg die Errichtung von Provinzialkirchen. Er spricht sich im Gegensatz zum „deutschen Theologen" für die Union aus (S. 47 ff. 102), rechtfertigt aber seinen zu seiner Freude in vielen Punkten mit dem des „Theologen" übereinstimmenden Vorschlag damit, daß er keine Centralisation wünscht, die alles kirchliche Leben ertödtet, die die bunte Mannichfaltigkeit der kirchlichen Bildungen zu lederner Einheit (!) verdörrt, und mit der Nivellirung kirchlicher Besonderheiten das gesammte Kirchenthum schädigt (S. 55 ff.). Deshalb sollen die Kirchenprovinzen nicht nach äußerlichen territorialen Gesichtspunkten, sondern nach der inneren kirchlichen Zusammengehörigkeit eingerichtet werden. Den Zusammenhang derselben unter einander will der Verfasser dadurch gewahrt wissen, daß er nach seinen, jeder näheren Bestimmtheit und Schärfe entbehrenden Ausdrücken über dieselben eine

Generalsynode mit einem Oberkonsistorium sich „wölben" läßt. Der ersteren legt er einen föderativen Charakter bei, über welchen man ebenfalls nichts Näheres ersehen kann, als daß der Generalsynode die Befugniß absolut gewahrt bleiben muß, gegen jede die Einheit und die Zusammengehörigkeit Aller gefährdende Aeußerung des provinziellen Kirchenthums interdicirend aufzutreten, der obersten kollegialischen Kirchenbehörde dagegen soll „die Aufrechterhaltung der Einheit als Aufgabe zufallen, die Vertretung der Gesammtinteressen der Kirche gegenüber dem Staate und seinen Behörden."

Einen Beweis dafür, daß die bisherige preußische Landeskirche durch ihre Centralisation alles kirchliche Leben ertödtet und „zu lederner Einheit verdörrt" hat, oder daß wenigstens eine solche Gefahr droht, hat der Verfasser nicht einmal unternommen, obwohl doch dadurch allein seine Vorschläge innerlich gestützt werden konnten. Die Berufungen auf die Vorgänge in der katholischen Kirche, die erst den Manichäismus, Montanismus und Arianismus überwunden, nach Erreichung der einheitlichen Herrschaft Roms aber sich des Schismas der griechischen Kirche und der Reformation des sechszehnten Jahrhunderts nicht habe erwehren können, ferner die Hinweisungen auf die Vorgänge in der schottisch reformirten Kirche in den Jahren 1795 und 1843, passen sicherlich nicht, von zuläßigen Analogien und Exemplifikationen auf die preußische Landeskirche kann doch für Niemand, welcher diese Vorgänge von einem objektiven kirchenhistorischen Standpunkt aus betrachtet, die Rede sein.

Wenn die gemeinsame Art des Volkes, Gemeinsamkeit des kirchlichen Lebens, kirchlicher Gesinnungen, Gemeinsamkeit der geschichtlichen Entwicklung von Friedberg, und ähnlich vom „deutschen Theologen" das deutsche reich gegliederte Stammesleben als Basis ihrer Provinzialkirchen angenommen werden, und zur Schonung dieser berechtigten Eigenthümlichkeiten die Einheit der Landeskirche geopfert werden soll, so fragt es sich vor Allem: Hat sich die letztere unfähig erwiesen, diese Güter zu bewahren? Blicken wir zurück bis auf die Gründung der Union, so müßten sich, wenn solche Gefahren gedroht hätten, in unserer Landeskirche irgendwie Spuren von Kämpfen des centralisirenden Princips mit dem provinziellen Kirchenthum nachweisen lassen. Ich weiß davon Nichts, nicht einmal der Agendenstreit kann hierher gerechnet werden, denn er stand mit der Opposition gegen die Union in Verbindung. Vielmehr weist die Geschichte der letzten fünfzig Jahre unserer Landeskirche nur Streitigkeiten über die

Bekenntniß- und Verfassungsfrage auf. Wäre aber bereits vor der Einführung der Union unter dem früheren territorialistischen und konfessionell gesonderten Regiment die „Verdörrung zur ledernen Einheit" eingetreten, hätte sie dann noch weiter bis auf den heutigen Tag fortgedauert, so würde der Versuch unmöglich sein, einen provinziell verschiedenen kirchlichen Geist künstlich durch die Provinzialkirchen zu beleben. So weit sind wir glücklicher Weise noch nicht. Wenn vielfach über erstorbenes kirchliches Leben geklagt wird und diese Klage auch berechtigt ist, so liegt dies nicht darin, daß die Besonderheiten eines provinziellen Kirchenthums sich nicht haben ausprägen können, sondern darin, daß theils der frühere Territorialismus, theils die mit der kirchlichen Lehre, namentlich mit einem Theile derselben in Widerspruch getretene religiöse Anschauung der modernen Gesellschaft, theils das Unbefriedigtsein von unsern kirchlichen Verfassungseinrichtungen das kirchliche Interesse überhaupt erheblich vermindert haben. Die Einheit unserer Landeskirche an und für sich und im Gegensatz zu dem provinziellen Kirchenthum einzelner Provinzen betrachtet, ist sicherlich nicht daran Schuld. Und bedürfte es noch eines weiteren Beweises, daß der kirchliche Provinzialgeist nicht bei uns erdrückt ist, so kann hierfür gerade auf die von dem „deutschen Theologen" ja gern angezogene rheinisch-westphälische Kirche hingewiesen werden, welche ebenfalls unter der Einheit der Landeskirche steht und in der die Bewegungen der neueren Zeit sich im Wesentlichen nur gegen die territorialistische Vermengung des Staatlichen und Kirchlichen in der Stellung der landesherrlichen Behörden, wie sie die Kirchenordnung von 1835 sanktionirt, gerichtet haben.*)

Die thatsächliche Lage der Verhältnisse rechtfertigt also sicherlich

---

*) Man vergleiche die in den theologischen Studien S. 620 angezogene Stelle aus der siebenten rheinischen Provinzialsynode. S. 528: „Als Grund der evangelischen Landeskirche behauptet die evangelische Kirche von Rheinland und Westphalen zwar ihre provinzielle Eigenthümlichkeit oder Selbstständigkeit in Lehre, Kultus und Verfassung, erfüllt aber im Bewußtsein des von der Landeskirche ihr zufließenden Segens willig jede Verpflichtung, welche, unbeschadet jener Eigenthümlichkeit und Selbstständigkeit, der auf der Einheit des Bekenntnisses ruhende organische Zusammenhang mit der Landeskirche ihr auferlegt. In diesem Sinne wird sie eine von der höchsten Staatsverwaltung geschiedene, rein kirchliche, Inneres und Aeußeres (Interna und Externa) umfassende, höchste Verwaltungsbehörde, und als gesetzgebendes Organ der Landeskirche eine auf organischer Vertretung der Kirche ruhende Landessynode anerkennen."

auch den von anderen Grundlagen ausgehenden Friedberg'schen Vorschlag nicht im Entferntesten.

Weiter ist aber noch Folgendes zu berücksichtigen.

Man gehe einmal scharf auf den Begriff der kirchenprovinziellen Eigenthümlichkeiten ein und frage sich, worin diese bestehen und ob eine einheitliche Leitung dieselben nothwendiger Weise beeinträchtigen muß. Friedberg setzt jenen Begriff in die gemeinsame Art des Volkes, Gemeinsamkeit des kirchlichen Lebens, kirchlicher Gesinnungen und Anschauungen, sowie die Gemeinsamkeit der geschichtlichen Entwicklung. Es läßt sich zunächst nicht läugnen, daß die Volksindividualität — allerdings in Verbindung mit bestimmten anderen äußeren geschichtlichen Momenten — dafür, ob ein bestimmter Volksstamm die lutherische oder reformirte Lehre sich angeeignet hat, mit von entscheidendem Einfluß gewesen ist. Je nach der Annahme der einen oder andern Lehre hat sich weiter eine bestimmte Art der religiösen und kirchlichen Gesinnung, eine bestimmte Ausprägung derselben im Kultus und eine bestimmte Verfassungsgestaltung entwickelt. Als Hauptfaktor der s. g. provinziellen Eigenthümlichkeiten kommt mithin heutzutage, wo wir eine von den gedachten Momenten beherrschte über dreihundertjährige Entwicklung zurückgelegt haben, doch wieder das Bekenntniß mit in Rechnung. Mit dem Aufhören der Schärfe der konfessionellen Gegensätze sind jene vorhergedachten Wirkungen nicht verschwunden; als Niederschlag jener einst lebhaft treibenden Kräfte bestehen sie heute noch fort. In der Gottesdienstordnung, den Gesangbüchern, der Predigtweise, kurz in Allem, was dem Gebiet des Kultus angehört, existirt noch eine daher rührende Verschiedenheit. Berechtigt diese aber zur Kreirung selbstständiger Kirchenprovinzen? Gewiß nicht, denn dergleichen Verschiedenheiten können — und auch in unserer Landeskirche haben sie bestanden und bestehen noch — bei einer einheitlichen Gestaltung aufrecht erhalten werden.

Wenn man aber deswegen die Landeskirche selbst zerreißen wollte, so würde man doch auch in den Provinzialkirchen mit dem Princip, um dessentwillen man dieselben schafft, nicht durchkommen. Eine in den gedachten Beziehungen uniforme Provinzialkirche wird man nicht erhalten, schon deshalb nicht, weil man wieder in mehreren reformirte, lutherische und rein unirte Gemeinden vereinigt haben wird. Abgesehen davon sind denn auch solche Provinzen, wie sie Friedberg geschaffen wissen will, in der Realität unerfindbar und unkonstruirbar. Man vergegenwärtige sich die Art und Weise, wie die verschiedenen Bestandtheile des Preußischen Staates (in dem Umfange beim Beginn des Jahres 1866) zusammengekommen sind, die Vorgänge, welche das Entstehen der früher selbstständig gewesenen, jetzt einverleibten Kleinstaaten herbeigeführt haben, und frage sich dann, auf welches Jahr als Normaljahr für jedes einzelne Land zurückgegangen werden soll. Ein solches wird vollkommen unerfindlich sein, weil nach der jedesmaligen Vereinigung eines neuen Bestandtheils mit den Stammlanden jener Staaten, namentlich bei dem früher fast ausnahmlos herrschenden territorialen Kirchenregiment, doch wesentlich nur die konfessionelle Sonderung jene s. g. provinziellen Eigenthümlichkeiten konservirt hat. Daß solche Provinzen nicht konstruirt werden können, zeigen denn die Erörterungen sowohl Friedbergs als auch des „deutschen Theologen" zur Genüge. Beide gehen stillschweigend und willkührlich auf den Territorialbestand, wie er sich im Jahre 1815 und seitdem konsolidirt hat, zurück. Während daneben Friedberg, indem er den Gedanken einer Vereinigung des unirten Hanaus mit dem unirten Nassau und dieses wieder mit der Rheinisch-Westphälischen Kirche und einer Verbindung Lauenburgs mit Schleswig und Holstein anregt (S. 55), trotz seines Festhaltens an der Union in das Princip der konfessionellen Sonderung der einzelnen Provinzialkirchen unbewußt hineinfällt, muß der „deutsche Theologe" dagegen auf die Durchschnittszahl von 500—600 Pfarreien — also auch wieder auf ein anderes, rein äußeres Theilungsprincip — Rücksicht nehmen (S. 54). Letzterer meint zwar, daß sich eine richtige, auf noch erkennbare Stammesnüancen sich stützende Eintheilung leicht finden ließe, für die Mark Brandenburg z. B. kann sicherlich das Gegentheil behauptet werden und ebensowenig dürften sich für die Provinz Sachsen die zwei oder drei erforderlichen Kirchenprovinzen nach diesem Princip abgränzen lassen.

So erscheinen denn auch jene Vorschläge, vom praktischen Standpunkte aus betrachtet, als im Großen und Ganzen unausführbar, und soweit sie etwa realisirbar wären, würde man im Grunde wieder auf die konfessionelle Sonderung hinauskommen, d. h. auf das schon erwähnte, nur noch verschlechterte Hengstenbergsche Projekt.

Von den Besonderheiten in der Verfassungsgestaltung habe ich bisher bei dieser Erörterung abgesehen.*) Aber weder der „deutsche

---

*) Auf die sonst in den Provinzen hinsichtlich des Kirchenrechts (z. B. über Baulast, Patronatrecht, Gnadenjahr 2c.) vorkommenden Verschiedenheiten, die et-

Theologe", noch Friedberg legen hierauf irgendwie Gewicht. Ersterer entwirft für alle seine Kirchenprovinzen (S. 55 ff.) eine offenbar gleiche Verfassung, und Friedberg, welcher in dieser Beziehung nur ganz vage Andeutungen macht, erklärt, die Fragen über die Kompetenzen zwischen Superintendenten und Kreissynoden, Konsistorien und Provinzialsynoden, Oberkonsistorium und Generalsynode, die Beibehaltung des landesherrlichen Episkopats wohl der Erörterung würdig, aber nicht in seinem Vorwurf miteinbegriffen (S. 58). Jedenfalls setzt er also auch eine gleiche Organisation seiner einzelnen Provinzen voraus. In der That bestehen denn in den älteren östlichen Provinzen, in denen die kirchliche Verfassungsorganisation erst in den Anfängen liegt, keine derartigen Verschiedenheiten, und in dem überwiegenden Theil der neu erworbenen Länder ist die Kirche noch weniger organisirt, als im Altlande, so daß also in dieser Beziehung von einem Bedürfniß provinzieller Ausgestaltung in der Verfassung kaum die Rede sein dürfte. Was Rheinland und Westphalen und Hannover betrifft, so ruhen beide Verfassungen auf Principien, welche bei einer einheitlicheren Gestaltung der ganzen Kirche wohl adoptirt werden würden, und sowenig die besondere Verfassung der ersteren Kirche bisher durch die Einheit vernichtet worden ist, dürfte die in Hannover bestehende Verfassung die Bildung von autonomen Provinzialkirchen durch das ganze jetzt bestehende Preußen hindurch rechtfertigen.

Hinreichend motivirt sind nach diesen Ausführungen die Vorschläge Friedbergs und des „deutschen Theologen" nicht. Sie sind so gut wie praktisch unrealisirbar, und sofern man es etwa versuchen sollte, jene Provinzialkirchen herzustellen, würde das Unternehmen im Grunde doch nur zu einer konfessionellen Sonderung führen.

In der That läßt auch aus rein inneren Gründen sich das nothwendige Mißlingen dieses Projektes darlegen. Der Schwerpunkt der

---

waigen provinziellen christlichen und kirchlichen Liebes- und Wohlthätigkeitsanstalten und ähnliche Dinge braucht nicht eingegangen zu werden. Denn daß diese Verschiedenheiten ohne die Selbstständigkeit von Provinzialkirchen erhalten bleiben können, liegt auf der Hand, und unsere Landeskirche selbst giebt dafür die handgreiflichsten Beweise. Ueberhaupt bemerke ich, um jegliches Mißverständniß von vornherein auszuschließen, daß ich hier nur allein von dem obersten Organisationsprincip handle, also die Nothwendigkeit gewisser Bindeglieder zwischen dem obersten Regiment und den Lokalkirchen und eine gewisse relative Selbstständigkeit dieser Glieder nicht im Entferntesten geläugnet haben will.

kirchlichen Verfassungsgestaltung wird bei beiden Verfassern vollkommen verrückt und ein Moment zum durchgreifenden Organisationsprincip gemacht, welches seinem innersten Wesen nach ein solches nicht sein kann. Es ist unbestreitbar, daß die Ortsgemeinde als Lokalkirche schon Kirche ist und als solche ihren Beruf als Kirche erfüllen kann. Das Regiment über den Einzelgemeinden hat keine anderen Rechte, als von den einzelnen Gemeinden abgeleitete, denn das Regiment ist eben nur vorhanden und nöthig, um die gleichen Aufgaben, welche auch die Lokalkirche hat, zu realisiren, aber solche, zu welchen die Mittel der Einzelgemeinde nicht ausreichen. (Vgl. Herrmann, die nothwendigen Grundlagen einer die konsistoriale und synodale Ordnung vereinigenden Kirchenverfassung. Berlin 1862. S. 22 ff.) Das Fundament des kirchlichen Verfassungsbaues bildet also die Einzelgemeinde, wie ja auch ihr individuelles Sein von der höchsten Bedeutung und vom bedingendsten Einfluß für die Gesundheit des ganzen kirchlichen Verbandes und kirchlichen Lebens ist. Die Einzelgemeinde ist der Ort, wo sich vorzüglich die Eigenthümlichkeit des Wesens ausprägt, und da, wo solche Eigenthümlichkeiten in den verschiedenen Einzelgemeinden sich bewahrt haben, da wird eben von jener „Verdörrung zur ledernen Einheit“ der Gesammtkirche nicht die Rede sein. Eine bestimmte provinzielle kirchliche Besonderheit ohne besondere Individualitäten von Ortsgemeinden ist undenkbar, die betonte provinzielle Mannichfaltigkeit — mit andern Worten gesagt — wird wesentlich bedingt durch den Charakter der neben einander auf demselben zusammengehörigen Raum existirenden Gemeinden, je mehr dieser Charakter ein gleicher ist, desto eher wird die provinzielle Eigenthümlichkeit hervortreten; wo dagegen umgekehrt Gemeinden wesentlich verschiedenen Charakters neben und durch einander existiren, da ist, wie vielfach in unseren Preußischen Provinzen, von einem scharf ausgedrückten provinziellen Gepräge nicht die Rede und hierin liegt der tiefere Grund, weshalb die vom „deutschen Theologen“ und Friedberg gewünschten Kirchenprovinzen in der Realität so schwer zu konstruiren sind, und weshalb letzterer dabei auf ein zunächst der Einzelgemeinde individuelles Moment, den Bekenntnißstand, unwillkührlich zurückzugreifen genöthigt ist.

Fragt man weiter nach dem Princip, nach welchem sich die durch ein einheitliches Kirchenregiment zusammengehaltenen Kreise und die sie bildenden Einzelgemeinden gegen andere selbstständige Kirchenverbände abgeschlossen haben, so sind es die besonderen national-politischen, abgegränzten Staatsgebiete gewesen, mit welchen fast überall konform sich die größeren kirchlichen Körper entwickelt haben. Die äußeren Veranlassungen, welche in Deutschland zur Reformationszeit dazu geführt haben, sind zu bekannt, als daß sie hier wiederholt zu werden brauchten. Der spätere Territorialismus hat allerdings auch das Seinige zur weiteren Fixirung der Entwicklung in dieser Richtung gethan. Allein ähnliche Erscheinungen finden wir auch in der Schweiz, Frankreich und Großbritannien. Das deutet schon darauf hin, daß dieser Zusammenhang nicht ein rein willkührlicher sein kann, welcher jeden inneren Grundes entbehrt und nur durch zufällige äußere Umstände hervorgebracht worden ist. Die Kirche steht innerhalb der gegebenen irdischen Verhältnisse, eben diese hat sie mit ihrem ethisch-religiösen Leben zu durchdringen. Vor Allem mächtig wirkt aber gerade das staatliche Interesse, weil die übrigen menschlichen Verhältnisse alle innerhalb des Staates stehen und nur unter seinem Schutze sich entfalten können. Alle diejenigen, welche dasselbe politische Gemeinwesen ausmachen, haben das gleiche Interesse an seiner Erhaltung. Wie sie gewohnt sind, gemeinsam zur Erreichung dieses und ihrer sonstigen irdischen Zwecke ihre Kräfte zu einigen, so macht sich die Zusammengehörigkeit auch auf die Verbindungen zur Erreichung der religiösen und kirchlichen Zwecke geltend, und das um so mehr, je mehr sich die für die religiöse Art des einzelnen Volkes mit in Betracht kommende Nationalität mit dem Staate deckt. Daß das ein naturgemäßer Zug ist, ergiebt der Umstand, daß das Alterthum nur bestimmte Staatsreligionen kannte. Das Christenthum als die universelle Religion kann sich aber bei Festhalten am Protestantismus nicht auch universell über die ganze Erde als ein einziger Kirchenkörper organisiren, und deshalb äußert sich wenigstens jener in der menschlichen Natur begründete Zug in der Weise, daß die kirchliche Organisation mit der staatlichen (und vielfach zugleich mit der nationalen) zusammenfällt. In den Zeiten nach der Reformation, wo von einem lebendigen staatlichen Nationalgefühl nicht die Rede war, hat allerdings das landesherrliche Kirchenregiment den Zusammenhang in äußerlicher Weise vermittelt, aber derselbe innere Grund ist doch entschieden mit für die Entstehung desselben maßgebend gewesen. Geläugnet kann es freilich nicht werden, daß bei dieser Entwicklung in Deutschland einzelne verhältnißmäßig zu kleine Kirchenkörper entstanden sind, indessen war dies hinsichtlich der staatlichen Organisation ebenso wohl der Fall. Und wenn in diesen selbstständigen Kirchen noch ein besserer kirchlicher und religiöser Geist geherrscht hat, als es der politische vieler deutschen Kleinstaaten gewesen ist, so hat hier, abgesehen von dem durch die Gleichartigkeit des Grundcharakters des Volkes und dem durch die gemeinsame deutsche theologische Wissenschaft vermittelten Zusammenhang unter den einzelnen deutschen Staaten, auch der Umstand mitgewirkt, daß ein kleiner Kirchenkörper seine religiösen Zwecke immer noch besser erfüllen kann, als ein Kleinstaat seine staatlichen.

Von einem so naturgemäßen Sichanschließen des kirchlichen Organisationstriebes an die einzelnen Provinzen oder untergeordneten Eintheilungen eines und desselben Staates ist namentlich im Protestantismus nie die Rede gewesen. Im Gegentheil hat sich die entgegengesetzte Richtung auch darin wieder geltend gemacht, daß da, wo ein staatliches Gemeinwesen von einem andern absorbirt worden ist, auch dessen kirchliche Organisation sich mit der des so vergrößerten Staates mehr oder minder verschmolzen hat. Auch hierfür können wieder Rheinland und Westphalen als Beispiele angeführt werden. Und wenn mit dem Wunsche nach einer einheitlichen Gestaltung Deutschlands vielfach der nach einer deutschen und jetzt wenigstens nach einer einheitlichen norddeutschen Kirche rege wird, so ist das doch ebenfalls nur ein Zeichen für das sich instinktive Geltendmachen dieser Zusammengehörigkeit.

Wie unser Staat sich allmählig aus kleinen Anfängen entwickelt hat, so hat er auch allmählig mit der Absorption besonderer kleinerer staatlicher Existenzen die kirchlichen Körper derselben zu einer in Deutschland und im Protestantismus eine bedeutende Stelle einnehmenden Kirche geeinigt. Wer diese zu zerschlagen unternimmt, der verrückt die richtigen und naturgemäß gegebenen Schwerpunkte einer gesunden kirchlichen Organisation und will die Entwicklung auf ein überwundenes Stadium zurückschrauben. Ein solcher Plan kommt mir nicht weiser vor, als das hin und wieder auf politischem Gebiet aufgetauchte Projekt, unser preußisches Vaterland in eine Reihe größerer Kleinstaaten zu zerstückeln, um dann aus diesen und den übrigen deutschen Territorien den angeblich normalen deutschen Bundesstaat herzustellen.

2. Die Gefahren der Provinzialkirchen.

Wenn das im vorstehenden Abschnitt kritisirte Projekt der Errichtung von Provinzialkirchen, wie ich auszuführen versucht habe, auf durchaus unrichtigen und ungesunden Grundlagen beruht, so müssen auch die Konsequenzen dieses Vorschlags äußerst bedenklich sein. Die Darlegung der Gefahren, welche jene Verfassungsgestaltung mit sich bringt, wird daher geeignet sein, die Richtigkeit der soeben gemachten Erörterungen zu unterstützen.

Meines Erachtens lassen sich die aus der etwaigen Realisirung jenes Planes zu erwartenden Folgen kurz dahin zusammenfassen. Das Projekt gefährdet die Union, es erregt die Besorgniß des Eindringens eines der Kirche verderblichen Territorialismus und macht endlich den naturgemäßen Abschluß einer die wichtigsten kirchlichen Interessen schützenden Kirchenverfassung unmöglich.

Bei der Besprechung dieser Punkte, zu welcher ich mich jetzt wende, muß ich zugleich der Verfassungsgestaltung, welche jeder meiner Gegner seinen Provinzialkirchen geben will, gedenken, weil ohne die Erwähnung derselben leicht der Einwand erhoben werden könnte, daß die näher zu besprechenden Gefahren durch den beabsichtigten eigenthümlichen Organismus jener Kirchenkörper ganz beseitigt oder erheblich vermindert würden. Ein weiteres Eingehen auf die die Verfassung betreffenden Vorschläge — es kommt hier bei den nur sehr allgemein gehaltenen Aeußerungen Friedbergs der „deutsche Theologe" fast allein in Betracht — wäre vollkommen überflüssig, da sie mit der Verwerfung des obersten Organisationsprincipes von selbst zusammenfallen.

Zunächst gefährdet die projektirte Autonomie der Provinzialkirchen die Union. Außer dem schon im vorigen Abschnitt hervorgehobenen Moment, daß das ganze Eintheilungsprincip schon von selbst nach dem Konfessionalismus gravitirt, möge hier noch Folgendes bemerkt werden.

Ist es unmöglich, daß der starre Konfessionalismus, namentlich das Neulutherthum, sich in einer der Provinzialkirchen geltend zu machen sucht? Gewiß nicht. Das Projekt der konfessionellen Dreitheilung der Landeskirche ist gerade von einer solchen geschärften Richtung ausgegangen und diese Partei wird sicherlich in jeder Provinzialkirche, welche ihr einen einigermaßen günstigen Boden bietet, die

Herrschaft zu erringen suchen. Das Laien-Element, das allerdings auf den Provinzialsynoden mit vertreten ist, wird gegen solche etwaige antiunionistische Strömungen keinen genügenden Schutz abgeben. Denn möge man sich das Verhältniß zwischen Konsistorium und Provinzialsynode, über welches Friedberg sich auszusprechen von der Hand gewiesen hat, denken wie man wolle, so wird man unter allen Umständen dem geistlichen Element in der Provinzialkirche doch eine gewichtige Stimme bei der Prüfung der Anstellbarkeit der Geistlichen und ebenso bei der Anstellung derselben selbst einräumen müssen. Mit dem Mittel der tendenziösen Berücksichtigung streng konfessioneller Geistlichen und einer zunächst nur auf einen kleinen Kreis von Gemeindeangehörigen gerichteten Agitation beginnt man, die so geschaffene Partei kann dann ihre Angriffe gegen die andere eröffnen, und wenn sie möglicherweise auch nicht zunächst den Konfessionalismus zum Siege bringt, so ist doch jedenfalls die Gefahr des Ueberwiegens desselben vorhanden und die beiderseitigen Kräfte, die besser edleren und wichtigeren Zwecken gewidmet werden sollten, verzehren sich in dem schädlichen Parteikampfe. Die Organisation, die der „deutsche Theologe" vorschlägt, bietet nun gar eine vollkommene und brauchbare Handhabe für solche die Union zerstörenden Tendenzen. Der zweite Kanon, den er für die Verfassungen der evangelischen Kirche aufstellt (S. 28), lautet: „Jede Verfassungsreform, welche das Grundwesen der Kirche als einer Stiftung von Oben her mißkennt, mit der geschichtlichen Entwicklung der Kirche bricht und ihre Motive aus anderen, der Kirche heterogenen Lebensgebieten entnimmt, ist verwerflich." Gemäß diesem Kanon, welcher denn doch sehr leicht den Gedanken an die Kirche als Stiftung über den Gemeinden wachruft und dessen nähere Gestaltung beim „deutschen Theologen" zum Theil darauf hinausläuft (vgl. darüber H. v. H., Großpreußen. S. 137 ff.), organisirt er seine Provinzialkirchen in der Weise, daß an der Spitze derselben ein von der Provinzialsynode zu wählender Bischof, ihm zur Seite ein Konsistorium steht (S. 55 ff. 79). Die Provinzialsynode, auf der letzterer nur eine berathende Stimme und gegen deren Beschlüsse er ein suspensives Veto hat, ist der gesetzgebende Faktor, welcher die unantastbare Bekenntnißgrundlage — sei diese lutherisch, unirt oder reformirt — zu bezeugen, die Kirchen-, die Gottesdienst-Ordnung aufzustellen, über die kirchlichen Gesang- und Lehrbücher über Höhe, Erhebungsweise und Verwendung der Kirchensteuern rc. zu entscheiden hat (S. 78. 79).

Schon die Erfüllung der ersten den Provinzialsynoden zugewiesenen Aufgabe, die Bezeugung des Bekenntnißstandes, wird in den einzelnen Provinzialkirchen, die, wie schon oben gezeigt, selten aus demselben Bekenntniß angehörigen Gemeinden bestehen werden, nicht leicht sein und die Veranlassung zu konfessionellen Zwistigkeiten bieten. Weiter ist hervorzuheben, daß der Bischof in Ertheilung und Verweigerung der Ordination und hinsichtlich der Ausübung seines Visitationsrechtes völlig souverän und nur seinem Gewissen verantwortlich sein soll. Ich stoße mich wahrlich nicht an dem vom Verfasser gewählten Ausdruck Bischof, aber nichtsdestoweniger kann ich das von einer Seite gefällte zustimmende Urtheil nicht theilen*): „das Kirchenregiment vor Allem bedarf des persönlichen Gewissens, des persönlichen Verantwortlichkeitsgefühls, wie ein Kollegium als solches es nicht haben kann, und wenn der evangelische Bischof aus der vertrauensvollen Wahl der Provinzialsynode hervorgeht und in seinen persönlichen Befugnissen auf das Recht der Ordination (resp. Versagung derselben) und der Visitation beschränkt bleibt, dann (— freilich auch nur dann —) hat es mit hierarchischen Gefahren keine Noth, und mag die kindische Furcht, die manchen der altkirchliche Name „Bischof“ statt der barbarischen Latinisirung „Generalsuperintendent“ einflößt, ruhig in den Wind geschlagen werden.“ Nicht einmal die katholische Kirche, welche bekanntlich ein sehr detaillirtes System von Rechtsregeln über die Voraussetzungen der Ordinationsertheilung ausgebildet hat, giebt dem Bischof eine solche exorbitante Macht. (Vgl. Benedict. XIV. de synodo dioecesana lib. 12. c. 8. n. 4.) Mit den Grundprincipien der evangelischen Kirche sind sie vollends unvereinbar. Die Befugniß, die Ordination zu verweigern, resp. zu versagen, ist unzweifelhaft ein Ausfluß des Rechtes auf das Kirchenregiment überhaupt, und da dieses nicht einem bestimmten Kreise von Amtsträgern, sondern der ganzen Kirche als solcher nach evangelischer Lehre zusteht, so kann die unverantwortliche Handhabung von einzelnen in diesem Rechte liegenden Befugnissen auch nie ohne Weiteres mit einem Amte verbunden und von der ganzen Kirche losgelöst werden. Persönliche Verantwortung des Einzelbeamten im Gegensatz zu der allerdings geminderten, sich auf ein Kollegium vertheilenden Verantwortlichkeit ist doch mit Unverantwortlichkeit überhaupt nicht identisch. Es klingt sehr schön, wenn der „deutsche Theo-

*) Vgl. die bei Rauh erschienene Brochüre S. 32.

loge" unter nicht einmal ganz passender Berufung auf Bunsen und Friedrich Wilhelm IV. sagt (S. 62): „Denn wenn für irgend etwas, so ist der Bischof dafür verantwortlich, daß kein Wolf in den Schafstall eindringe, dessen obere Fürsorge ihm von Kirche (und Staat) aufgetragen ist, und daß kein Unwürdiger in das heilige Amt des Wortes eintrete, welches er selbst bekleidet und in welches er ihn einführen soll. In dieser Verantwortlichkeit vor Gott und Menschen liegt sein göttliches (!?) Recht des Enthaltens, also des Einspruchs gegen irgend eine andere Behörde, die eine solche von ihm fordern sollte." Aber giebt das Gewissen des Einzelnen eine Garantie gegen den Mißbrauch eines solchen Rechtes? Kann nicht der einzelne Bischof im besten Glauben an die sittliche Berechtigung seines Verfahrens ein Princip bei der Versagung der Ordination zur Geltung bringen, welches die Kirche einer Reihe würdiger Diener beraubt. Strenge, exclusive, zur Unduldsamkeit geneigte Charaktere werden nicht leicht Anhänger anderer theologischer Richtungen zur Ordination zulassen. Würden die Wortführer unserer neulutherischen Partei wohl streng unionistische Kandidaten ordiniren? Diese Unverantwortlichkeit des Bischofs bietet also eine der gefährlichsten Handhaben, um in den einzelnen Provinzialkirchen bestimmte konfessionelle Tendenzen mit der größten Leichtigkeit zur Herrschaft zu bringen, um so mehr als die Ausübung des Visitationsrechtes seitens des Bischofs daneben weitere Gelegenheit bietet, einen exklusiven konfessionellen Geist in den einzelnen Gemeinden zu befördern und zur Blüthe zu bringen.*)

Die Gefahren, welche der Union bei der Errichtung selbstständiger Provinzialkirchen drohen, sind, wie ich meine, handgreiflich genug. Um gerecht zu sein, ist aber noch weiter zu untersuchen, ob etwa die Organe, wodurch Friedberg und der „deutsche Theologe"

*) Beiläufig sei bemerkt, daß nach den weiteren Vorschlägen des „deutschen Theologen" der die Ordination verweigernde Bischof dem zurückgewiesenen Kandidaten einen Entlassungsschein geben soll, damit sich der letztere von einem andern Bischof ordiniren lassen kann. Möglicherweise wird aber dieser ebenfalls Anstoß nehmen, den Kandidaten zu ordiniren, und je öfter die Ordination abgelehnt ist, desto schwerer wird sie der Kandidat von einem ferner angegangenen Bischof erlangen. Glaubt der „deutsche Theologe", daß man mit einer solchen Vorschrift charakterfeste Leute zu Geistlichen bekommen wird? Solche werden ihre Zukunft nicht in das plein pouvoir eines Einzelnen stellen und sich der Möglichkeit aussetzen, daß ihnen durch Verweigerung der Ordination ein gewisser Makel aufgedrückt wird. Auch für die Erlangung eines geachteten geistlichen Standes halte ich diesen Vorschlag äußerst gefährlich.

eine gewisse Verbindung und Einheit zwischen den einzelnen autonomen Kirchen erhalten wollen, geeignet sind, die Gefahren zu beseitigen. Auch diese Frage muß ich verneinen. Was Friedberg betrifft, so ist die Stellung, welche er seiner Generalsynode und seinem Ober-Konsistorium mit den Worten anweist, daß beide über die Provinzialkirchen sich „wölben" und die erste einen föderativen Charakter haben soll (S. 57), so ungreifbar und unbestimmt, daß sich nichts dabei denken läßt. Das Einzige, woran man sich halten kann, ist die Bemerkung, daß die Generalsynode gegen jede Aeußerung des provinziellen Kirchenthums, welche die Einheit und die Zusammengehörigkeit Aller gefährdet, interdicirend aufzutreten befugt und die Aufrechterhaltung der Einheit die Aufgabe der obersten kollegialischen Kirchenbehörde sein soll.

Ein innerer Grund und ein inneres Recht für diese Funktion der gedachten Behörden wird aber bei Friedberg nicht angeführt. Soll dieser Rechtsgrund durch die Föderation, also durch die freiwillige Vereinigung der an sich autonomen Kirchen gegeben werden, wie es scheinen könnte, so fragt es sich doch, ob die selbstständigen Kirchenkörper eine solche Föderation schließen wollen. Setzt man aber die Befugniß zur Einheitserhaltung als von vornherein feststehend voraus, so widerspricht man dem Begriff der angenommenen föderativen Grundlage der Verbindung.

Mit welchem Mittel das Ober-Konsistorium die Einheit erhalten soll, das giebt Friedberg ebensowenig an. Soll dasselbe das gleiche Recht wie die Synode, also ein Recht des Veto haben, so reicht man damit gegen die gedachten konfessionellen Tendenzen, wie schon Herrmann in der gedachten Recension (S. 543) treffend bemerkt hat, nicht aus. Erfolgreich können diese nur dadurch in Schranken gehalten werden, daß man der Oberbehörde, die die Einheit vertreten soll, bestimmte positive Befugnisse beilegt, namentlich ein oberstes Visitationsrecht, um sich über die Lage der Provinzialkirchen unterrichten und Gefahren vorbeugen zu können, ein oberstes Disciplinarrecht, um die kirchlichen Beamten zu bestrafen, welche einheitsfeindliche Tendenzen verfolgen, ja endlich wird man nicht umhin können, auch ein Recht zu statuiren, allgemeine Anordnungen zur Erhaltung der Einheit zu erlassen, da es zweifellos vernünftiger ist, das Entstehen eines Brandes zu verhindern, als erst sein Ausbrechen abzuwarten, um dann zu löschen. Stehen aber diese Befugnisse der obersten Behörde zu, so hat diese eine Oberleitung, und die Provinzialkirchen sind dann eben nicht mehr autonom und auch nicht föderativ vereinigt, da der letztere Begriff nicht Unterordnung, sondern Gleichberechtigung der einzelnen Glieder voraussetzt. Ob endlich statt der Generalsynode oder des Ober-Konsistoriums der Landesherr etwa größere Rechte als ein negatives Veto zur Erhaltung der Einheit der Landeskirche haben soll, das ist ebenfalls nicht ersichtlich, denn auch die Frage nach der Beibehaltung des landesherrlichen Episkopates läßt Friedberg dahin gestellt sein, wiewohl ich meinerseits nicht einsehen kann, wie dieser mit einer Reihe durch eine föderative Generalsynode geeinigter selbstständiger Provinzialkirchen verträglich ist, ohne wieder sofort ein die Föderation und Autonomie aufhebendes, resp. beschränkendes Einheitsmoment in die Organisation hineinzubringen.

Dagegen haben die Vorschläge des „deutschen Theologen“ das Verdienst, positiver und präciser zu sein, allerdings auch nur dieses. Für die Erhaltung der Einheit und namentlich — wovon ich zunächst hier ausgegangen bin —, für die Konservirung der Union nützen sie indessen ebensowenig. Dem Ober-Kirchenrath des „deutschen Theologen“ wird nur die Stellung eines obersten kirchlichen Gerichtshofes und einer Repräsentation der Gesammtkirche gegenüber der Staatsgewalt zugewiesen (S. 82. 83). Daneben soll allerdings eine Kirchen-Konvokation — gebildet namentlich aus den Mitgliedern des Ober-Kirchenraths, den Bischöfen und gewählten Vertretern der Provinzialkirchen — geschaffen werden (S. 83). Abgesehen davon, daß diese nur für bestimmte Verhandlungen einberufen wird, also nicht regelmäßig zusammentritt, wird ihr Ressort nicht weiter gesteckt als der des Ober-Kirchenraths. Von einem positiven Eingreifen kann keine Rede sein, denn es ist nichts „mehr zu regieren und zu verwalten, da die evangelische Landeskirche sich ja in lauter selbstständige Provinzialkirchen verwandelt hat“ (S. 82), daher denn auch „bei etwaigen kirchenregimentlichen Verhandlungen die Beschlüsse der Konvokation lediglich berathender Natur sein“ würden.

Zur Erhaltung der Einheit und der Union unter und in den Provinzialkirchen sind also diese Behörden nicht im entferntesten geeignet (vgl. auch „den deutschen Juristen“ a. a. O. S. 619).

Aber nicht blos die Union erscheint durch die Errichtung der selbstständigen Territorialkirchen gefährdet, sondern ihr Gefolge wird auch die Geltendmachung eines für die Kirche verderblichen Territorialismus sein. Wird bei innerhalb der Provinzialkirchen entstehenden verschiedenen Meinungen nicht jede Partei leicht geneigt sein, die landesherrliche Autorität anzurufen, um durch den Machtspruch derselben die Gegenpartei zu unterdrücken? Sofern man das landesherrliche Kirchenregiment beibehält, ist das sicher zu erwarten, wäre ja doch ohne ein Nachgeben des landesherrlichen Regiments in unserer Landeskirche das Unterwühlen der Union durch die neulutherische Partei nicht möglich gewesen. Eine höhere, ordnungsgemäße kirchliche Instanz, durch deren Anrufung der Streit ausgetragen werden könnte, giebt es bei der Zerstückelung der Landeskirche nicht. Friedberg S. 57 meint zwar: „Wir können überzeugt sein, daß, wenn einmal ein Glied des großen Kirchenkörpers erkranken sollte, es schon durch den gesunden Lebenssaft, der die andern Glieder durchdringt und dem es sich — es mag wollen oder nicht — nicht verschließen kann, den vielleicht langsamen, doch sichern Weg der Heilung geführt werden; wir haben dann nicht nöthig, in der beständigen Furcht zu leben, daß eine schiefe Richtung sich der Generalsynode bemächtigen, so der gesammten Kirche den Krankheitsstoff unheilbar einimpfen und zur Spaltung und Zerrüttung führen könne. Und wer wollte leugnen, daß die Generalsynode, wo so verschiedene, sich schroff gegenüberstehende kirchliche Parteien eilen werden, die Majorität zu erringen, wo eine kirchliche Richtung die andere als ungerechtfertigt zu erdrücken streben wird — und in diesen Gegensätzen bewegt sich unsere Zeit — solcher Möglichkeit nur zu sehr ausgesetzt ist?“ *) Sind die Provinzialsynoden, fragt man billigerweise, schon als solche diesen Gefahren entzogen? Wird sich hier nicht ebenso gut, wie in der Generalsynode, der Kampf zwischen Union und Konfessionalismus, zwischen einer auf eine freiere Verfassung dringenden Partei und einer engeren Richtung und Streit um ähnliche Dinge geltend machen? Ein solcher Kampf zwischen principiell verschiedenen Richtungen kann durch keine Organisation, welche überhaupt noch ein irgendwie freies kirchliches Leben sich entfalten läßt, unterdrückt werden, er liegt in der Natur der menschlichen Entwicklung und muß durchgekämpft werden, sei es auf einer General-, sei es auf einer Provinzialsynode. Je kleiner der Kreis gezogen ist, desto persönlicher und erbitterter, also auch desto heftiger werden aber bekanntlich dergleichen Streitigkeiten, während bei größeren Kreisen die principiellen Fragen mehr als solche in ihrer rein wesentlichen Natur, losgelöst von den Personen, hervor-

*) Aehnlich auch „der deutsche Theologe“ S. 89.

treten; hier also die Gefahr, daß man andere Mittel, sich zum Siege zu verhelfen, mit in Bewegung setzt, viel ferner liegt. Ja noch mehr, eine Generalsynode der ganzen preußischen Kirche wird jedenfalls einen weiteren Gesichtskreis und damit mehr Ruhe und Haltung haben, als eine Provinzialsynode, sie erscheint mithin viel mehr als die letztere der geeignete Kampfplatz für große principielle Richtungen. Und werden endlich nicht in den Provinzialsynoden gewisse Dinge, die eben nur die betreffende Provinz interessiren, den Anschein von bedeutenden, Spaltungen hervorrufenden Fragen annehmen, welche auf der Generalsynode, weil auf derselben eine ganze Anzahl nicht interessirter Personen mit zur Entscheidung berufen sind, ruhig und objektiv erledigt werden können? Die Gefahr eines zur Hereinziehung des Landesherrn führenden Parteilebens ist offenbar größer für die einzelnen unabhängigen Provinzialkirchen, als für eine einheitliche Landeskirche. Beim „deutschen Theologen" wird dieses Parteiwesen durch seine Verfassungseinrichtungen obenein noch erst recht in Athem und künstlich lebendig erhalten. Wenn die Provinzialsynode zum Beschluß gekommen ist, so soll der Bischof ihren Beschlüssen gegenüber ein suspensives Veto geltend machen können (S. 79). Dann muß die betreffende Streitigkeit drei Jahre lang unentschieden bleiben, d. h. drei Jahre lang haben die Parteien Zeit zu agitiren und jede das Möglichste zu versuchen, daß der frühere Beschluß nicht wiederholt wird, oder für den entgegengesetzten Fall je nach ihrem Interesse, daß der Bischof von seinem Veto absteht oder es nochmals einlegt. Kommt es zu der Wiederholung des Vetos, so ist die Spannung der Parteien noch nicht beendigt, denn dann soll nun die Kirchen-Konvokation entscheiden. Dieser ganze Plan, durch den dem Bischof ein übermäßiges Gewicht zuertheilt wird, läuft also lediglich darauf hinaus — wenn „der deutsche Theologe" nicht etwa auf Abmattung der einen Partei dabei rechnet —, den Hader künstlich zu verewigen, und im Grunde dringt bei ihm doch auch unbewußt das Gefühl der Nothwendigkeit einer einheitlichen Leitung darin durch, daß er schließlich seine Kirchen-Konvokation entscheiden lassen will.

Es ist aber, abgesehen von möglichen Zwistigkeiten innerhalb der einzelnen Provinzialkirchen — auch darauf hinzuweisen, daß Fälle eintreten können, in denen die Kirche dem Staate gegenüber eine bestimmte Position zu nehmen und zu vertheidigen hat. Bei einer einheitlichen Leitung der Kirche tritt dem Staate nur ein einziger Wille entgegen, und hier wird sich letzterer mit der einen Kirche auseinanderzusetzen haben. Stehen dagegen die einzelnen Provinzialkirchen dem Staate gegenüber, so bleibt von vornherein die Möglichkeit offen, ja in wichtigen principiellen Fragen ist es sogar wahrscheinlich, daß seitens der einzelnen Kirchenkörper kein übereinstimmender Wille geäußert wird. Der Staat wird in einem solchen Fall seine Ansicht leichter durchsetzen und die einzelne Kirche leichter unterliegen, und das namentlich dann, wenn der erstere sich für seine Maßnahmen noch obenein auf die Billigung oder wenigstens auf das Stillschweigen von andern Kirchenkörpern wird berufen können. Die Gefahr des staatlichen Eingreifens ist also auch bei der Errichtung der Provinzialkirchen viel größer und näher liegend, als bei der Erhaltung einer kompakten Landeskirche.

Ich komme schließlich zu dem dritten im Anfang dieses Abschnittes hervorgehobenen Punkt. Eine Reihe wichtiger Interessen können in der Provinzialkirche nur kümmerlich und jedenfalls schlechter befriedigt werden, als durch die einheitlich gestaltete Landeskirche.

Um bei der soeben berücksichtigten Wirkung der Kirche nach außen hin zunächst zu bleiben und der selbstverständlichen größeren Ohnmacht der Provinzialkirchen gegenüber dem Katholicismus nicht, sondern nur der Thätigkeit für die evangelischen Gemeinden in der Diospora zu gedenken, so ist es klar, daß eine einheitliche Leitung dieser Bestrebungen an und für sich schon mehr leisten wird, als eine Leitung von jeder einzelnen Provinzialkirche aus, weil der ersteren reichere Kräfte und reichere Mittel zu Gebote stehen. Gerade was diese Thätigkeit betrifft, hat die Preußische Landeskirche erfreuliche Resultate aufzuweisen (vgl. die erwähnte Denkschrift des evangelischen Ober-Kirchenrathes S. 8. 9), und daß man mit der Zerschlagung in Provinzialkirchen diese so segensreiche Wirksamkeit hemmen würde, das hat selbst der für die letzteren plädirende „deutsche Theologe“ eingesehen, denn wie er bei Streitigkeiten zwischen Bischof und Provinzialsynoden seinem Princip durch Anrufung der Kirchen-Konvokation ungetreu wird, will er auch diesen Zweig kirchlicher Thätigkeit seinem Ober-Kirchenrath oder doch einer einzigen Provinzialkirche ausschließlich übertragen wissen.

Aber noch näher liegende kirchliche innere Interessen und Angelegenheiten sind einer besseren und ausreichenderen Befriedigung innerhalb einer einheitlichen Landeskirche viel sicherer, als in einer Reihe von einzelnen autonomen Provinzialkirchen.

Die keineswegs glänzende pekuniäre Lage, in welcher sich die evangelische Kirche meistens und auch namentlich in Preußen befindet, ist dem „deutschen Theologen" nicht entgangen. Die Hülfe des Staates wird nun und nimmermehr allein in so umfassender Weise in Anspruch genommen werden können, daß man im Stande ist, mit den von ihm gewährten Mitteln alle kirchlichen Bedürfnisse zu decken. Die Kirche wird sich selbst helfen müssen, wie das praktisch in Oesterreich der Fall ist, und soll hier andauernd und ausreichend gesorgt werden, so muß, wie ich, von anderen Grundlagen ausgehend, neuerdings (in meiner Abhandlung: „das Patronatrecht und die moderne Gestaltung des Grundeigenthums" in Doves Zeitschrift für Kirchenrecht. Bd. 7. S. 53 ff.) auseinandergesetzt habe, das bisherige System der nur im Falle des augenblicklichen Bedürfnisses auszuschreibenden Auflagen verlassen werden und statt dessen die Pflicht zur Entrichtung fortlaufender Beiträge oder kirchlicher Steuern eingeführt werden, um im einzelnen Fall die Last nicht zu drückend zu machen und einen neuen Grundstock zu einer ordentlichen Dotation der Kirche zu gewinnen. Zunächst würden aus den Steuern die Bedürfnisse der Einzelgemeinden zu decken sein, für allgemeinere Kirchenzwecke müßte von dem Ertrage der Steuer in jeder Gemeinde ein bestimmter Procentsatz abgegeben und außerdem in Folge der Pflicht der Einzelgemeinde je nach Kräften ihrerseits für das Wohl des Allgemeinen beizutragen, das etwaige besondere Vermögen derselben ebenfalls mit bestimmten Steuerbeiträgen zu Gunsten der ganzen Kirche belastet werden. Ein solches Steuersystem wird um so ergiebiger und die dadurch herbeigeschafften Mittel werden um so zweckmäßiger verwandt werden können, je größer der Raum der Kirche und die Zahl der Kontribuenten ist. Abgesehen davon, daß, nur bei einer einheitlichen Leitung die reichlich aus einzelnen Gemeinden fließenden Mittel für die bedürftigen und armen Gemeinden im umfassenden Maßstabe nutzbar gemacht werden können, lassen sich eine Reihe von nothwendigen finanziellen Einrichtungen, so z. B. Fonds für Pensionen und Unterstützungen, für Errichtung neuer Pfarrstellen, für Prediger-Seminare, für die Wirksamkeit in der Diaspora und in der außerdeutschen Mission u. s. w. wirthschaftlich desto besser und vortheilhafter gründen und verwerthen, je größer die Zahl der Theilnehmer ist. Neben den von der Kirche selbst durch das regelmäßige Steuersystem und Kollekten zu beschaffenden Geldern wird aber die Kirche berechtigt sein, eine bestimmt fixirte Staatsdotation fortzubeziehen, da der Staat vielfach früher kirchliches Gut eingezogen und die Verpflichtung, dasselbe zu kirchlichen Zwecken zu verwenden, überkommen hat. Nach welchem Maßstabe soll diese Dotation auf die willkührlich gebildeten Provinzialkirchen vertheilt werden? Die Zuwendung nach der Zahl der Provinzialkirchen entsprechenden Theilen dürfte jedenfalls wegen der verschiedenen pekuniären Lage derselben eine ungerechte sein. Wenn man dem Staat nicht von vornherein die Entscheidung darüber überlassen will, so wird wahrscheinlich bei dem einzelnen Kirchenkörper das Bestreben sich geltend machen, möglichst viel vor den andern im Voraus zu erhalten und bei dem Kampfe um eine recht hohe staatliche Subvention doch der Staat wieder nothwendiger Weise faktisch in die Stellung des entscheidenden Schiedsrichters gebracht.

Mangels einer einheitlichen Leitung, mit welcher die Berücksichtigung der lokalen und provinziellen Verhältnisse bei der Steuer-Auflage doch sicherlich nicht unverträglich ist, fehlt ferner jede Garantie, daß die eine selbstständige Provinzialkirche überhaupt oder in ausreichendem Maaße sich zur Unterstützung der andern verstehen wird. Erwartet man denn wirklich, daß, wenn z. B. ein exklusiver lutherischer Geist in der einen zur Herrschaft gekommen ist, diese einer reformirten oder unirten Kirche mit Bereitwilligkeit und in genügender Weise Zuwendungen machen wird? Um der Kirche die für ihr Gedeihen unentbehrliche materielle Grundlage zu schaffen, ist also auch die Errichtung einer einheitlichen Leitung der Vermögensverwaltung erforderlich und dieser Nothwendigkeit hat sich sogar der „deutsche Theologe" wieder nicht verschließen können, denn S. 84 spricht er von einer dem Ober-Kirchenrathe unterzustellenden General-Kirchen-Kasse, über deren Fonds aus Staatsbeiträgen, Kollekten u. s. w., soweit sie nicht auf feststehende Titel lauten, die (freilich nur selten und zufällig zusammentretende) Kirchen-Konvokation zu verfügen hätte."*)

Liegt nicht weiter die Gefahr vor, daß bei der Zerreißung der Landeskirche in einzelne Kirchenkörper die einzelnen den gemeinsamen Grund, auf dem sie als evangelische Kirche ruhen, vergessen und Ver-

*) Beiläufig will ich noch auf einen andern ökonomisch nicht unwichtigen Punkt hinweisen. Die Militär-, Anstaltsgeistlichen und die Geistlichen in der Diaspora haben bekanntlich nach einer Anzahl von Jahren ein Recht auf eine angemessene Anstellung. Welche Provinzialkirche soll diese Verpflichtung übernehmen und wie soll, wenn man sie allen in einem angemessenen Verhältniß auferlegen wollte, die Erfüllung dieser Verbindlichkeit kontrollirt und erzwungen werden?

schiedenheiten einseitig betonen und in der Weise übertreiben, daß von einem gedeihlichen gemeinsamen Wirken aller nicht die Rede ist. Die Selbstgefälligkeit und der Selbstdünkel, welche erfahrungsmäßig mit dem Konventikelwesen verbunden sind, könnten sich leicht auch in diesen Einzelkirchen geltend machen. Wie daher ein starres Abschließen gegen einander gefürchtet werden darf, so werden sich ferner — um mich der Worte Herrmanns (in der gedachten Recension S. 542) zu bedienen — „in jedem dieser Körper mehrere jener individuellen Seelen bei einander finden, welche in dem dann unvermeidlich entbrennenden Kampfe um Alleinherrschaft in der kirchlichen Einheit der Provinz nicht auf die billige Schonung und Berücksichtigung zu rechnen haben, welche ihnen das einheitliche Regiment der Landeskirche von seiner höheren Warte aus zu Theil werden ließ". Das Resultat dieses Kampfes kann — wie man hinzusetzen darf — nur unberechtigte Unterdrückung der einen Partei durch die andere oder ein ebenso unberechtigter Independentismus der Einzelgemeinden, in welcher sich die Provinzialkirche naturgemäß auslösen muß, sein.

Wie die Zertheilung den einzelnen Kirchen die materielle Grundlage entzieht, so beeinträchtigt also sie auch die Gedeihlichkeit des kirchlichen Lebens, indem sie die Kräfte von dem Ziele der Belebung eines wahrhaft praktisch christlichen und religiösen Lebens abzieht und sie von vornherein in eine Richtung auf den Kampf mit den übrigen selbstständigen Kirchenkörpern und den Kampf der Parteien der einzelnen Kirche untereinander hindrängt. Nicht nur, daß der Regulator einer einheitlichen Leitung fehlt, um solchen Streitigkeiten von vornherein vorzubeugen, sondern er mangelt auch, um den entbrannten Kampf zum Austrag zu bringen.

Daß diese mit geringen materiellen Mitteln ausgestatteten und der Gefahr der inneren Zerklüftung ausgesetzten einzelnen Kirchenkörper endlich im Stande sein werden, einen gediegenen geistlichen Stand aus sich heraus zu schaffen, das dürfte ebenfalls mehr als zweifelhaft sein. Selbst wenn man die unverantwortliche Verweigerung der Ordination seitens des Bischofs, wie der „deutsche Theologe" sie eingeführt wissen will, nicht voraussetzt, so wird schon die materielle Lage der Einzelkirche tüchtige und fähige Leute kaum zur Ergreifung des geistlichen Standes anreizen. Aber ganz abgesehen davon hat eine gedeihliche Mannichfaltigkeit der Richtungen der einzelnen Geistlichen in einer kleinen Provinzialkirche kaum Raum, während in einer einheitlichen und doch so wenig uniformen Landeskirche, wie der preußischen, gerade diese Verschiedenheit ihre enſprechende Verwendung finden kann. Ferner ist die Gefahr der Unterdrückung der mit der herrschenden Partei nicht übereinstimmenden Richtungen hier viel geringer, wie in den Provinzialkirchen, während in diesen nach den früheren Ausführungen eine Reihe von nicht fern liegenden Momenten leicht dahin führen kann, daß nur abhängige und auf ein bestimmtes theologisches System abgerichtete Geistliche angestellt werden.

Die deutsche Theologie und ihre Hauptvertretung, die theologischen Fakultäten der Universitäten, schließlich dürften das heiligste Interesse haben, sich vom Standpunkt der Freiheit der Wissenschaft aus eine kirchliche Organisation zu verbitten, bei welcher nach analogen, nicht vor allzulanger Zeit vorgekommenen Beispielen die Möglichkeit vorliegt, daß eine bestimmte Universität und theologische Fakultät für die in der Provinzialkirche Anstellung erwartenden Theologen mit dem Interdikt belegt wird.

Ich glaube damit hinreichend auf die Gefahren, welche die Verfassungspläne des „deutschen Theologen" und Friedbergs mit sich führen können, hingewiesen zu haben.

Eine innere Nothwendigkeit für ihre Vorschläge ist nicht erweisbar, das Princip der Eintheilung ein unberechtigtes und unausführbares, und die Realisation desselben eröffnet den Blick auf die erheblichsten Bedenken für eine gedeihliche Entwicklung des kirchlichen Lebens.

Uebereinstimmend urtheilen der „deutsche Jurist" (a. a. O. S. 622) und Herrmann (a. a. O. S. 550). Letzterer sagt: „Mein Schlußurtheil über den Friedbergschen Plan geht nach den bisherigen Ausführungen dahin, daß er sowohl eine schwere Unbill gegen die preußische Landeskirche, als eine unbefriedigende und vorgreifliche Formel für die Kirchen der einverleibten Länder enthält." Der „deutsche Jurist" stellt folgendes Resultat am Schlusse seiner Erörterungen hin: „Die von dem deutschen Theologen gemachten Vorschläge über Aufhebung des kirchenregimentlichen Principes der Union und ihre Ersetzung durch eine Konföderation, die Aufhebung des Kirchenregiments des evangelischen Königs und der obersten Kirchenbehörde, des Evangelischen Ober-

Kirchenraths und die an deren Stelle proponirte absolute Freistellung der einzelnen Provinzialkirchen, sowie die Begründung eines rein äußerlichen, kirchlichen Obertribunals und einer nur berathenden kirchlichen Konvokation, sind nicht geeignet, die Einheit der evangelischen Kirche Preußens zu erhalten, sondern involviren eine Zerstörung der evangelischen Landeskirche. — Die Fortdauer der evangelischen Landeskirche des ganzen preußischen Staates hängt vielmehr davon ab, daß die Union in ihrem ganzen bisherigen Bestande unberührt bleibe, so daß auch die der Union nicht Beitretenden innerhalb der Landeskirche ihre geeignete Stelle finden können, daß die Central-Organe konservirt, ergänzt und also eingerichtet werden, daß den einzelnen Provinzialkirchen die zu ihrer segensvollen Wirksamkeit unentbehrliche relative Selbstständigkeit zu Theil werde." Das Princip der Schonung berechtigter Eigenthümlichkeiten haben beide Kirchenpolitiker auf ihre Fahne geschrieben, aber nichtsdestoweniger wird es unserer Landeskirche gegenüber bis zur Vernichtung ihrer Existenz verläugnet. Letztere hat meines Erachtens nicht nur ein Recht auf Forterhaltung, welches ihr jedenfalls ohne ihre Zustimmung nicht genommen werden darf, sondern sie verdient es auch reichlich, daß ihr das Leben erhalten werde. Gerade dadurch nimmt unsere preußische Landeskirche unter ihren Schwesterkirchen eine so hervorragende Stellung ein, daß sie die Aufgabe verwirklicht hat, das, worin nach wahrhaft evangelischen Grundsätzen die Einheit der Kirche allein beruht und noth thut, als das einzig Wesentliche festgehalten und doch die verschiedenen Ausgestaltungen dieses Princips in ihrer Mannichfaltigkeit und in ihrer relativen Berechtigung geschont und bewahrt zu haben. Wie der Preußische Staat eine Reihe verschiedener deutscher Stämme und deutscher Länder in sich geeinigt, und doch neben jenem einheitlichen preußischen Vaterlandsgefühl und jener Opferfreudigkeit für das große Vaterland, welche das verflossene Jahr in ihrem vollen Glanze gezeigt hat, keine todte centralisirte Einheit geschaffen, sondern ein mannichfach gestaltetes Provinzialleben sich erhalten hat, so hat auch die Preußische Landeskirche auf dem Gebiete des Protestantismus eine ähnliche Mission erfüllt, und wie dem Preußischen Staat jetzt die Aufgabe zugefallen ist, die neuen Provinzen nach eben jenen Grundsätzen sich näher zu verbinden, so denke und hoffe ich, daß die Mission unserer Landeskirche gleichfalls nicht mit den Ereignissen des Jahres 1866 abgeschlossen sein wird, sondern daß auch ihr die weitere Arbeit der Einfügung jener Territorialkirchen vorbehalten ist, eine Aufgabe, welche zwar nicht so schnell wie die auf politischem Gebiet gelöst werden kann, die indessen doch, wenn ich die geschichtliche Entwicklung recht verstehe, einst erfüllt werden wird. Ich kann ferner nicht glauben, daß das Haus Hohenzollern mit seinen alten Traditionen auf kirchlichem Gebiete, welche diesen und allein diesen Weg weisen, brechen wird, namentlich nicht, nachdem der König erst jüngst in der Ordre vom 8. December 1866 ausgesprochen, daß auch er wie seine Vorfahren das Verlangen nach wachsender Einigung aller Theile und Glieder der evangelischen Kirche im Herzen trage. Ich meine endlich, daß jeder, welcher für die Ehre und den Ruhm seines preußischen Vaterlandes ein warmes Gefühl hat, auch für die Erhaltung dieses kostbaren Theils unserer nationalen Schätze, für die Bewahrung des Bestandes unserer Landeskirche eintreten muß, da ihre Entwicklung ja auch für die Erreichung unserer hervorragenden politischen Bedeutung von erheblichem Einfluß gewesen ist.

Hat mir etwa ein wohlgemeinter, aber überspannter Patriotismus den objektiven historischen Blick getrübt? Ich glaube kaum. Nicht nur ich von meinem altpreußischen Standpunkt aus habe diese Auffassung, sondern auch ein älterer und bewährter Kollege, welcher erst seit den neuesten Ereignissen unserem Vaterlande angehört, urtheilt in gleicher Weise. Er sagt: (Der Verlust der Einheit der Landeskirche) „würde die evangelische Kirche um ein wahrhaft individuelles Ganze bringen, welches einer hohen und schweren Mission vorsteht, unter hartem Kampfe gegen Hindernisse, welchen eine Kirche von kleineren Dimensionen und anderen geschichtlichen Faktoren nimmer gewachsen sein würde. Je neidloser das reformatorische Princip aus seiner Einheit Mannichfaltigkeiten hervorgehn und gewähren läßt, welche geschichtlich verbundenen Kreisen einen eigenthümlichen Charakter verleihen können, um so wichtiger und berechtigter ist eine kirchliche Individualität, welche die Festhaltung und Betonung des Wesentlichen und Centralen als ihre unterscheidende Aufgabe besitzt, die Mannichfaltigkeiten an dem einigenden Princip festhält, die Trennungstriebe der Unterschiede zügelt und die wahre Katholicität des evangelischen Bekenntnisses an sich selbst zur Erscheinung bringt, indem sie an den in ihrer eigenen Mitte vorhandenen Eigenthümlichkeiten die Vereinbarkeit eines evangelisch gerechten Maaßes derselben mit der Einheit der Kirche praktisch bewährt. Dies ist, wie ich die Wege Gottes verstehe, die Mission der unirten preußischen Landeskirche, eine Mission, so groß und so unentbehrlich zum Bestande unserer

Kirche, daß auch Wer in einer andern Landeskirche steht und an deren auf ein Anderes gerichteten Eigenthümlichkeit mit Liebe hängt, niemals den Dank vergessen sollte, den er der schwereren, auch ihm zu Gute kommenden Arbeit der preußischen Kirche schuldig ist. Dies gute Theil soll nicht von ihr genommen werden; vielmehr soll dafür gesorgt werden, daß sie ihren Zug evangelischer Katholicität immer bestimmter auspräge und die dazu erforderlichen Organe nicht einbüße, sondern entwickle und stärke." *)

---

*) Vgl. Herrmann in der mehrfach erwähnten Recension S. 540. 541.

Die Lösung der Schwierigkeiten.

In den vorstehenden Abschnitten meiner Schrift glaube ich nachgewiesen zu haben, daß jeder Versuch einer einheitlicheren Gestaltung der evangelischen Kirche in dem nunmehr vergrößerten Preußen dem Erforderniß entsprechen muß, daß er die Union und die Einheit unserer preußischen Landeskirche nicht preisgiebt. Wie aber der letzteren ihr Recht gewahrt werden soll, so ist dabei in gleichem Maaße das Recht der bisherigen selbstständigen Kirchen der einverleibten Länder zu achten, und es sind ferner die möglichen, achtungswerthen Gewissensbedenken ihrer Gemeinden und ihrer Angehörigen zu schonen. So unbestreitbar und so einfach dieses oberste Princip ist — auch die bekannte Kabinetsordre vom 8. December 1866 läßt dasselbe klar erkennen —, so schwer erscheint die praktische Durchführung desselben wegen der Verschiedenartigkeit der Verhältnisse in den hier in Frage kommenden einzelnen Kirchen. Vorläufig hat man sich damit begnügt, an der Lage der einzelnen Landeskirchen nichts zu ändern. So besteht denn augenblicklich die Einheit nur darin, daß das in allen neu erworbenen Territorien hergebrachte Kirchenregiment*) in der Hand

*) Vgl. darüber Friedberg für Hannover S. 16; für Kurhessen S. 24; für Nassau S. 25, ferner Otto, Handbuch des besonderen Kirchenrechts der evangelisch-christlichen Kirche im Herzogthume Nassau S. 9; für Schleswig-Holstein-Lauenburg s. Friedberg S. 28. 32; für Hessen-Homburg s. Friedberg S. 21; für Frankfurt a. M. dens. S. 26. Es kann meines Erachtens nicht der mindeste Zweifel darüber aufgeworfen werden, daß die landesherrliche Kirchengewalt mit der Souveränität über die einverleibten Länder auf den König von Preußen übergegangen ist (so auch Friedberg S. 33 ff. und der „deutsche Jurist" a. a. O. S. 607. 608), und daß also die Erklärung in der erwähnten Kabinets-Ordre vom 8. December 1866: „Ich bin mir bewußt, daß ich das mit Meiner Krone verbun-

des Souverains vereinigt ist, welcher dasselbe längst über die Preußische Landeskirche besessen hat. Daß aber nur dieses persönliche Band fortbestehen bleibe, ist bei der gemeinsamen Grundlage, auf welcher alle diese Landeskirchen stehen, weder wünschenswerth noch ersprießlich. Ebensowenig dürfte die weitere Konservirung der früher selbstständigen Kirchenkörper praktisch durchführbar sein, da mit dem 1. Oktober 1867 auch in den neu einverleibten Ländern die preußische Verfassung in Kraft tritt, und man, um die durch dieselbe der evangelischen Kirche garantirte Selbstständigkeit zu verwirklichen, unmöglich eine früher hannoversche, früher kurhessische rc. selbstständige evangelische Kirche innerhalb der Gränzen jener ehemaligen Länder wird errichten können.

Es muß also eine nähere und weitergehende Verbindung zwischen den einzelnen, im gegenwärtigen Rahmen des preußischen Staates selbstständig neben einander stehenden Kirchen geschaffen werden, und so weit ich davon entfernt bin, der Aufzwingung der Union das Wort reden zu wollen, so erscheint mir doch die Vereinigung aller dieser noch heute selbstständigen Körper zu einer das ganze jetzige Staatsgebiet umfassenden, einheitlich regierten evangelischen Kirche als das wünschenswertheste und durch die historische Entwicklung vorgezeichnete Ziel, auf welches die Worte der erwähnten Ordre vom 8. December 1866 ebenfalls hindeuten: „Ich spreche dies um so offener und um so lieber aus, je tiefer Ich von der Ueberzeugung durchdrungen bin,

---

dene Amt des Obersten Kirchenregiments in der Evangelischen Kirche auch für die Evangelisch-Lutherische Landeskirche Hannovers in dem Umfange, in welchem dasselbe von den früheren Landesherren wahrgenommen ist, so zu führen habe, daß es nicht zur Beunruhigung der Gewissen oder zur Störung guter kirchlicher Ordnungen, sondern zur Förderung und zum Bau des Reiches Gottes diene;" auf einer vollkommen korrekten juristischen Auffassung ruht. Zweifelhaft könnte es nur erscheinen, ob die früheren Landesherren, der König von Baiern und der Großherzog von Hessen, nicht etwa die landesherrliche Kirchengewalt in den von ihnen durch die Friedensverträge vom 22. August 1866 Art. 14, bez. vom 3. September 1866 Art. 14 an Preußen abgetretenen Gebietstheilen behalten haben; aber auch in Betreff dieser Distrikte wird meines Erachtens die Succession des Königs von Preußen, wie umgekehrt das Aufhören des landesherrlichen Kirchenregiments des letzteren über die an Hessen überwiesenen kurhessischen, nassauischen rc. Ortschaften anzunehmen sein, weil auch in Baiern und Hessen das landesherrliche Kirchenregiment besteht, und es undenkbar ist, daß ein anderer als der Souverän des Landes — und das ist jetzt in Bezug auf die durch die Friedensverträge erworbenen Gebiete der König von Preußen — das Kirchenregiment besitzt.

daß das Verlangen nach wachsender Einigung aller Theile und Glieder der evangelischen Kirche, welches ich, wie meine in Gott ruhenden Vorfahren, unwandelbar im Herzen trage, sich um so freudiger entfalten und die rechten Wege und Formen zu finden wissen werde, je freier und unbeirrter die Herzen sein werden, das Gemeinsame in Liebe zu suchen und zu pflegen."

Außer der Auffindung der angemessenen Maßregeln, welche die Herstellung jener Verbindung bezwecken, ist aber noch eine andere kirchliche Aufgabe zu lösen, nämlich die, die evangelische Kirche mit den ihr zu einer selbstständigen Bethätigung erforderlichen Organen zu versehen oder diese, wie in unserer Landeskirche, zu vervollständigen, bez. mindestens, wie in Hannover, in Funktion zu setzen.

Gerade dieser Umstand erschwert die Lösung der vorliegenden Kirchenorganisationsfrage nicht wenig. Andererseits könnte, und ist auch gerade daran der Vorschlag geknüpft worden, die Aufgabe der Vereinigung der verschiedenen Kirchen dadurch zu umgehen, daß man die Verfassungsfrage mit einem Schlage für das ganze Gebiet des Preußischen Staates löst. Denkbar ist diese Beiseiteschiebung der einen Aufgabe durch die andere auf zwei verschiedene Arten: dadurch, daß man eine allgemeine konstituirende Landessynode aus allen Provinzen einberuft*), welche eine einheitliche Verfassung schafft, oder auch dadurch, daß man sofort sämmtliche selbstständige Kirchen unter den Ober-Kirchenrath als oberste kirchenregimentliche Behörde stellt.

Der erste Weg erscheint mir nach Lage der faktischen Verhältnisse nicht räthlich. In unserer preußischen Landeskirche haben wir jetzt die nach langem Ringen zu Stande gebrachten Anfänge einer kirchlichen Organisation, und diese müßten anstatt eines Weiterbaues auf den durch sie geschaffenen Grundlagen sofort wieder niedergerissen werden, um neuen Einrichtungen Platz zu machen. In Hannover besteht, wenn auch noch nicht zur Ausführung gebracht, die nach schweren Kämpfen errungene Kirchenvorstands- und Synodal-Ordnung vom 9. Oktober 1864 zu Recht. Die hannoversche Kirche ist dadurch mit vollständigen Organen versehen und hat insofern einen gewissen Vorsprung vor unserer Landeskirche. Auch diese ihr liebgewordene Verfassung müßte durch das von einer konstituirenden Landessynode neu zu entwerfende Statut beseitigt werden. Schon diese Aussicht

*) Das wird z. B. in der Protestantischen Kirchenzeitung von 1866. No. 48. S. 1007 vorgeschlagen.

wird eine nicht unbeträchtliche Agitation gegen die Berufung einer Landessynode hervorrufen. Abgesehen aber davon wird die Ausschreibung von Wahlen für die letztere den Kampf zwischen Union und Konfession zu hellen Flammen anfachen, da man eine Majorisirung der konfessionstreuen Kirchenglieder durch die Anhänger der Union als Ziel und Resultat dieser Maßregel hinzustellen nicht verfehlen wird. Wenn schon jetzt vielfache Petitionen für die Erhaltung der Konfession — so wurde im Februar von 700 lutherischen Geistlichen der hannoverschen Kirche eine Eingabe an das Landeskonsistorium, betreffend die Erhaltung einer rein lutherischen, einem unirten Ober-kirchenrath nicht untergeordneten Kirchenbehörde gerichtet (Protest. Kirchenzeitung von 1867 (S. 232) — in Umlauf gesetzt werden, so würde unter der eben gedachten Voraussetzung wahrscheinlicher Weise ein solcher Sturm heraufbeschworen werden, daß die Landessynode wegen des sich geltend machenden Parteikampfes zu irgend welchen auf Autorität Anspruch habenden Beschlüssen nicht gelangen dürfte, ja daß überhaupt ihr Zusammentritt mit einer genügenden Zahl von Vertretern aus den neuen Provinzen in Frage gestellt sein möchte. Sowenig ich principiell und unter allen Umständen die Berufung einer Landessynode als Mittel zur Ordnung der kirchlichen Zustände verwerfe, so erscheint die Anwendung desselben doch jetzt, so lange ein anderer Weg zur Erreichung des Zieles gefunden werden kann, nicht zweckmäßig.

Ist aber andererseits die sofortige Unterstellung der Kirchen der neuen Provinzen unter den evangelischen Ober-Kirchenrath ausführbar? Ich meinerseits glaube, daß dem Ober-Kirchenrath der Vorwurf nicht gemacht werden kann, innerhalb unserer Landeskirche die Konfession im Gegensatz zur Union beeinträchtigt zu haben. Im Gegentheil hat er mehr zum Schutz der Union gegen die konfessionelle Sondersucht als zum Schutz des Bekenntnisses gegen die unionistischen Tendenzen eintreten müssen, ja mancher Unionsfreund möchte vielleicht ein energischeres Einschreiten zu Gunsten der Union gewünscht haben. Daß thatsächlich die Sache so liegt, beweist auf das Klarste der Umstand, daß, wie vollkommen glaubhaft berichtet wird (neue evangelische Kirchenzeitung von 1867. No. 11. S. 167), seit 1852 nicht ein einziges Mal Veranlassung gewesen ist, von der damals nachgelassenen itio in partes im Kollegium Gebrauch zu machen. Die bisherige Art und Weise der Amtsführung des Ober-Kirchenraths objektiv betrachtet, würde also kein Hinderniß bieten, seine jetzt sich nur auf die Altlande beziehenden Befugnisse auch auf die neuen Provinzen auszudehnen, um so weniger als seinem Regimente auch eine Reihe nicht unirter, sondern rein lutherischer oder rein reformirter Gemeinden in der Landeskirche unterstehen. Ja man könnte diesen Vorschlag um so eher befürworten, als selbst in den neuerworbenen Ländern, in welchen eine kompakte lutherische Kirche besteht, sich Ansätze finden, welche in den weiten und im einzelnen verschiedener Ausgestaltung fähigen Rahmen der preußischen Landeskirche sich leicht einfügen ließen.

Was Schleswig-Holstein betrifft, so bemerkt ein kompetenter Beurtheiler der dortigen Verhältnisse, Herrmann (in der gedachten Recension S. 549), darüber: „Weiter aber kommt, wenn mein während eines zehnjährigen Wirkens in Schleswig-Holstein gewonnenes Bild noch jetzt seine Richtigkeit hat, die sehr beachtenswerthe Eigenthümlichkeit in Betracht, daß der Geist des dortigen Lutherthums nichts von der Exklusivität und herben Unionsfeindlichkeit besitzt, welche anderwärts eine engere Beziehung zur preußischen Landeskirche erschwert oder verhindert. In meiner Erinnerung lebt noch das Bild einer im Ganzen gläubigen und frommen, zugleich gründlich gebildeten, für weitere Erkenntniß aufgeschlossenen und strebsamen, mit der Kieler theologischen Fakultät durch gegenseitiges Vertrauen verbundenen, dem kirchenpolitischen Treiben abgeneigten Geistlichkeit, welche in enger Lebensgemeinschaft mit ihren Gemeinden in den letzteren einen mild lutherischen Typus nährt und bewahrt.“ Nach den Mittheilungen, welche mir von heute noch in Kiel lebenden Kollegen geworden sind, halte ich mich zu der Annahme berechtigt, daß dieses Bild auch für die jetzige Zeit vollkommen treu ist, ja nach den weiteren mir gewordenen Notizen werden wenigstens in Kieler Gemeinden auch nicht exklusiv lutherische Protestanten als vollberechtigte Gemeindeglieder zugelassen. Es finden sich also hier Verhältnisse, welche dem Minimum der in Preußen vorhandenen Vereinigung, der gemeinschaftlichen Zulassung zum Abendmahl und der Zugehörigkeit zu demselben Kirchenregiment unter Bewahrung der Sonder-Konfession entsprechen.

Selbst in Hannover kommen solche Ansätze vor. Es stehen reformirte Gemeinden unter den lutherischen Konsistorien zu Hannover, Stade und Osnabrück. (Vgl. Spangenberg in Lipperts Annalen des Kirchenrechts. Heft 2. S. 57, Heft 3. S. 51; Uhlhorn in Herzogs Real-Encyklopädie Bd. 10. S. 533, Friedberg a. a. O. S. 15). Ferner lassen (nach Ruperti, Kirchen- und Schulgesetzgebung des Herzogthumes Bremen und Verden im Königreich Hannover. Verden 1844. S. 110. Note 4) „die Reformirten in lutherischen Gemeinden und die Lutheraner in den reformirten Gemeinden meistens seit alter Zeit von dem Prediger des Orts alle Actus verrichten, nur pflegen sie bei einem benachbarten Prediger ihrer Konfession zum Abendmahl zu gehen, auch von ihm ihre Kinder konfirmiren zu lassen." Daß man in Hannover ebensowenig überall abgeneigt ist, die Abendmahlsgemeinschaft zu gewähren, zeigt die vor kurzem durch die Zeitungen gegangene Nachricht, daß das Konsistorium zu Hannover auf Anfrage der Geistlichen in den Garnisonsorten erklärt hat, daß die unirten Militärpersonen gastweise zur Kommunion zugelassen werden könnten.

Wenn es meines Erachtens als sicher angenommen werden muß, daß der Ober-Kirchenrath auch den Bekenntnißstand der einzelnen Kirchen nicht im entferntesten alteriren wird und sich gewisse Ansätze in den letzteren vorfinden, an welche eine Abendmahls- und Regimentsgemeinschaft mit der Preußischen Landeskirche sehr wohl angeknüpft werden könnte, so dürfte doch die sofortige Ueberordnung des Ober-Kirchenraths nicht möglich sein. Das Bewußtsein, daß Konfession und Union nicht mit einander unverträgliche Gegensätze sind, ist vielfach, namentlich in Hannover, noch lange nicht durchgedrungen (vgl. Herrmann a. a. O. S. 546. 547), und offenbar hat man in den neuen Provinzen eine freilich den thatsächlichen Verhältnissen nicht entsprechende, falsche Auffassung von dem Charakter der bisherigen Wirksamkeit des Ober-Kirchenrathes, Umstände, die, so bedauerlich sie von dem hier vertretenen Standpunkt aus sein mögen, doch mit in Rechnung gezogen werden müssen (vgl. auch die bei Rauh erschienene Brochüre S. 34). Die schon vorhin erwähnte Petition der 700 hannoverschen lutherischen Geistlichen gegen Unterstellung unter ein unirtes Kirchenregiment eröffnet offenbar auch für den eben vorausgesetzten Fall die Gefahr der Entstehung einer lebhaften Agitation, deren Beseitigung vielleicht nur mit Gewalt zu erreichen wäre. Zweckmäßig dürfte also dieser Weg ebensowenig, wie der der Berufung einer Landessynode sein.

Die Lösung der Verfassungsfrage erweist sich also nicht als das geeignete Mittel, die Bekenntnißfrage dadurch ohne Weiteres bei Seite zu schieben oder zu erledigen.

Stellt man sich dagegen auf den Standpunkt der letzteren, so möchte vielleicht mancher das Auskunftsmittel zu wählen geneigt sein, daß man aus jeder der früheren selbstständig gewesenen Landeskirchen die der Union geneigten Gemeinden aussondert und diese der preußischen Landeskirche einfügt. Rechtlich wäre ein solches Verfahren unzweifelhaft zulässig, da man dem Einzelnen ja nicht verwehren könnte, selbst von der einen zur andern Konfession überzutreten. Aber auch dieser Plan hat schwere Bedenken gegen sich. Abgesehen davon, daß man für die Realisation eines solchen Vorschlages genöthigt ist, eine Umfrage in den einzelnen Gemeinden anzustellen und dadurch offenbar eine künstliche Erregung in dieselben hineinwirft, wird man sich damit den Weg zu einer Vereinigung, welche später in umfassenderem Maaße erfolgen könnte und dürfte, verschließen. Es ist möglich, daß der größte Theil der Gemeinden in Schleswig-Holstein sich zu der Verbindung mit der Landeskirche versteht, dasselbe tritt vielleicht in Nassau und in dem größten Theile Kurhessens ein*), für Hannover ist das aber sicherlich nicht zu erwarten. Das Resultat wäre im günstigsten Fall das, daß eine Erweiterung der Preußischen Landeskirche durch eine Reihe von Gemeinden aus den bisher selbstständigen Kirchen der einverleibten Provinzen erreicht wäre, neben dieser aber ein großes Bruchstück der hannoverschen Kirche und kleinere Fragmente der früheren Kirchen der übrigen Länder bestehen blieben. Die Vereinigung aller dieser letzteren zu einem kirchlichen Komplex wird wegen ihrer Verschiedenheit kaum möglich sein, die Verbindung aller dagegen mit der preußischen Landeskirche auf lange Zeit aufgegeben werden müssen, da diese Reste von Kirchen durch ihre Zerstückelung zu Gunsten der Landeskirche nothwendig in einen scharfen Gegensatz gegen die letztere gebracht und das Bewußtsein des ihnen aufgedrungenen Martyriums lebendig erhalten werden. Zu diesem Bedenken kommt aber noch das weitere, daß sowohl die Organisation dieser einzelnen Stücke von Kirchen, als auch die der der Landeskirche beigetretenen Gemeinden ihre bedeutenden Schwierigkeiten haben würde. Was die ersteren betrifft, so kommen sie neben der erweiterten Landeskirche faktisch in die Lage von separirten Kirchengesellschaften, faktisch würden sie neben derselben eine ähnliche

---

*) In „der neuen evangelischen Kirchenzeitung" von 1867. No. 11. S. 165 berichtet der Recensent von Friedbergs Schrift: „Referent und viele andere Personen mit ihm wissen, daß aus Nassau die Geistlichkeit bis auf einen geringen Rest einmüthig, daß aus Hessen ein sehr wesentlicher Theil derselben bei des Königs Majestät um organische Einfügung ihres Landes in die preußische Landeskirche nach ihrer gegenwärtigen Verfassung petitionirt hat und des Bescheides harrt."

Stellung, wie heut die separirten Altlutheraner, einnehmen. Rechtlich wird man sie aber nicht auf diese Stufe hinabdrücken können. So lange die Landeskirche die Vortheile des landesherrlichen Kirchenregiments genießt, wird man sie diesen Kirchenfragmenten auch lassen müssen, und so ständen denn diese mit nothwendig theilweise zerstörten einer Neu-Organisation bedürftigen Einrichtungen wieder nur in einer rein durch die Person des Königs vermittelten Verbindung mit der Landeskirche. Wenngleich das vorhin an die Spitze gestellte Rechtsprincip unbestreitbar ist, daß es keinem Einzelnen, also auch nicht sämmtlichen Mitgliedern einer Gemeinde wird verwehrt werden können, sich der preußischen Landeskirche anzuschließen, so führt doch die absichtliche Ausnützung dieses Satzes zu einem Resultat, welches de facto die Lage jener Kirchen nothwendiger Weise erheblich verschlechtert, und welches jeder billig Denkende in unsern alten Provinzen schon um deswillen gern vermieden sehen muß, weil der Vorwurf der Vergewaltigung gegen dieses Verfahren mit einem gewissen Schein aus den neuen Landestheilen erhoben werden könnte.

Was aber weiter die Lage der in die Landeskirche aufzunehmenden Gemeinden betrifft, so ist hier zu bedenken, daß, so lange nur ein Mitglied derselben bei seiner alten Kirche verbleiben will, das Vermögen der Gemeinde dieser letzteren verbleiben muß. Die juristische Person, deren Zwecken das Vermögen diente, ist so lange nicht untergegangen*), und es dürfte auch selbst in dem Falle, wo alle Mitglieder der Einzelgemeinde sich der Landeskirche anschließen, kaum die Ansicht gerechtfertigt erscheinen, daß das Gemeindevermögen aus der früheren Kirche mit in die Landeskirche eingebracht werden kann. Das betreffende Kirchengut ist speziell lutherischen oder reformirten Zwecken bestimmt, und wenn es nun auch für Preußen feststeht, daß der Beitritt zur Union keinen Konfessionswechsel enthält

(vgl. Richter, Beiträge S. 35),

---

*) Es ist das auch die Ansicht des Ober-Kirchenraths in der mehrfach erwähnten Denkschrift vom 18. Februar 1867. An der Stelle, wo von den Folgen der Realisirung des oben besprochenen Hengstenbergschen Projekts die Rede ist, heißt es (S. 13): „Und da ein gesonderter lutherischer Kirchenorganismus auch einen gesonderten Bestand der Geistlichkeit und sonstigen Amtsträger erfordern würde, so ergäbe sich auch eine Auflösung der bisherigen Parochien und die Nothwendigkeit einer endlosen Vermehrung der Kirchensysteme, wobei jedoch die dem bisherigen Rechtszustand treu bleibenden, seien sie Wenige oder Viele, im Besitz und Gebrauch ihrer Rechte zu schützen wären."

so wird doch immer bei dem Wegfall der Einzelgemeinde für die betreffende Kirche der Anspruch bestehen bleiben, daß das dadurch erledigte Gut zu ihren speziellen religiösen und kirchlichen Zwecken verwendet wird. Denn dasselbe gehört nicht den einzelnen Gemeindegliedern als solchen, sondern der Gesammtgemeinde als juristischer Person. Ist diese durch das Uebertreten sämmtlicher Glieder aufgelöst, so wird das Gut bonum vacans und dann tritt eben der erwähnte Anspruch auf Verwendung zu Zwecken, denen das Gut bisher gedient hat, ein. Demnach müßten also für jene Gemeinden neue materielle Grundlagen geschaffen und ebenso für sie neue Leitungsorgane eingerichtet werden, d. h. in kleinerem Maßstabe würden sich also hier die Mißstände für die neuen Provinzen wiederholen, welche bei der konfessionellen Dreitheilung für ganz Preußen eintreten würden.

Auch dieser Weg führt nicht zum Ziele oder wenigstens nicht zu einem befriedigenden und einem solchen, welches der Gerechtigkeit gegen die Kirchen der neuerworbenen Länder entspricht.

Es wird nach allen diesen Ausführungen kaum etwas Anderes übrig bleiben, als, was die Frage nach der Union betrifft, die Dinge vorläufig in dem Stadium zu belassen, in welchem sie augenblicklich sich befinden. So verfehlt es gewiß vielfach ist, die Entscheidung über principielle Fragen hinauszuschieben, so liegt doch hier die Sache so, daß man jetzt mit Sicherheit über die Stimmung der neuen Provinzen gegenüber der Unionsfrage nicht wird aburtheilen können; ja selbst die augenblickliche Stimmung, könnte man sie auch mit absoluter Gewißheit feststellen, dürfte kaum maßgebend sein, um darauf hin Entschließungen von den weitgehendsten Folgen für die Zukunft zu gründen, weil man in den neuen Provinzen selbst nicht genügend über die Lage und die Verhältnisse unserer Landeskirche unterrichtet ist. Die Zeit wird hier am besten die Vermittelung übernehmen, gewisse vorgefaßte Meinungen und falsche Anschauungen überwinden und erst dann wird sich eine für definitive Entschlüsse in Betracht kommende Stimmung mit Sicherheit erkennen lassen. Für Hannover bemerkt Herrmann (a. a. O. S. 547): „Will man nicht im ungünstigsten Momente weitaussehende Dinge anfassen, welche sichere Verwirrungen in der Gegenwart und schwere Präjudize für die Zukunft mit sich bringen, so gewähre das Kirchenregiment der neuen Landesobrigkeit der lutherischen Kirche Hannovers die stetige Weiterführung ihrer neuen Einrichtungen, fördere die reformirte Kirche auf dem Wege zu demselben Ziele und vertage alle eingreifenden Veränderungen, auch in den Organen der Verwaltung, insbesondere die Frage nach einer engeren Gemeinschaft mit der bisherigen preußischen Kirche und ihrer obersten Behörde, auf eine spätere Zukunft, welche günstigere Bedingungen für wichtige und reife Entschlüsse bietet. Kein solcher Entschluß kann die Frage nach der Stellung der Union umgehen, und kein Zeitpunkt ist ungeeigneter, um sich in ihr zu entscheiden, als der gegenwärtige. Die hannoversche Kirche ist durchaus unfertig, um jetzt in eine solche Entscheidung einzutreten, unfertig äußerlich, weil sie sich eben erst in der Ausbildung ihres hierbei nicht zu umgehenden synodalen Organs befindet, aber auch nicht minder innerlich unbereitet. Auch unbefangene Männer und gründliche Kenner der Lage werden sich kein zutreffendes Urtheil darüber zutrauen, wieviel von den antipathischen Strömungen einer beharrlichen Eigenthümlichkeit dieses Kirchenkreises, oder landläufigen und eifrig genährten Irrthümern über das Wesen der preußischen Union, oder einem mehr äußerlichen und nicht durchaus löblichen Hängen am Gewohnten, oder der Rückwirkung eines durch die politischen Ereignisse gestärkten partikularistischen Zuges auf das kirchliche Gebiet beizumessen ist. Aber vorhanden sind sie und beachtet müssen sie werden. Deshalb was wir im Interesse der Kirche, und auch des Staates, hier jetzt zu wünschen haben, ist die Enthaltung von allen vorgreiflichen Feststellungen eines definitiven Verhältnisses des hannoverschen Kirchenkreises zur preußischen Kirche, auch wenn dasselbe nur die Gestalt der Friedbergschen Föderation haben sollte. Man ist jetzt weder zur eigenen Entscheidung reif, noch besitzt man die erforderliche Empfänglichkeit für fremde Entscheidungen."

Gerade die wichtigste bei dieser ganzen Frage in Betracht kommende Provinz ist Hannover, und darum habe ich die gedachte Stelle, welche, abgesehen von den von mir oben hervorgehobenen Gründen, noch aus der besonderen Lage Hannovers eine der meinigen völlig gleiche Ansicht rechtfertigt, mitgetheilt.

Während es so nur als das Zweckmäßigste angerathen werden kann, in der Unionsfrage die Entwicklung, welche sicherlich nicht zu einem der Union ungünstigen Ziel führen wird, ihren ruhigen ungestörten Verlauf nehmen zu lassen, wird dagegen eine vorläufige Lösung der Verfassungsfrage in Angriff genommen werden müssen. Mit derselben wird dann — wie auch Herrmann in der mitgetheilten Stelle und der Verfasser der bei Rauh erschienenen Brochüre S. 36 meinen —

die Erledigung der Unionsfrage nicht nur ermöglicht, sondern auch wesentlich erleichtert sein.

Aber wegen der durchaus unfertigen Gestaltungen, welche fast überall entgegentreten, kann leider die Verfassungsfrage ebensowenig schnell und einfach gelöst werden. Es müssen vielmehr zu diesem Behuf in den einzelnen jetzt vorhandenen Kirchenkomplexen erst die nöthigen Organe geschaffen werden. Vorläufig ist die rheinisch-westphälische Kirche allein in der glücklichen Lage, eine Verfassung nicht nur zu besitzen, sondern auch in dieselbe sich eingelebt zu haben. Die hannoversche Kirche hat zwar eine gesetzlich festgestellte Ordnung, diese harrt aber noch der Ausführung. In den s. g. östlichen Provinzen ist das Organisationswerk nur bis zur Schaffung von Kreissynoden gediehen, die Einführung von Provinzialsynoden allerdings, wie die öffentlichen Blätter berichten, in Angriff genommen. In Hessen, Nassau, Frankfurt a. M. finden sich in den Gemeinden presbyteriale Ordnungen freilich in verschiedener Gestaltung, während in Schleswig-Holstein nur eine nicht überall gleichmäßige Theilnahme einzelner Gemeindeglieder bei gewissen äußerlichen Gemeinde-Angelegenheiten vorkommt. (Vgl. Friedberg a. a. O. S. 23. 25. 26. 30.) In allen diesen Territorien sind daher möglichst in Anschluß an die bestehenden Verhältnisse die vorhandenen Reste von presbyterialen und synodalen Ordnungen weiter auszubilden und zu entwickeln, resp. einzuführen; wo nöthig, wie z. B. in Schleswig und Holstein, ist ferner zunächst eine vorläufige konsistoriale Einrichtung, welche die Leitung dieser Angelegenheit übernimmt, zu schaffen.*)

Von einer definitiven Regelung dieser Verhältnisse kann jetzt meines Erachtens nicht die Rede sein. Damit präjudizirt man, wie schon oben zur Genüge gezeigt, der Frage nach der späteren Verbindung der einzelnen kirchlichen Körper, und zwar stets im Sinne einer losen Vereinigung, welche allein darin besteht, daß das Kirchenregiment ein und demselben Landesherrn in oberster Instanz zukommt. Eine Reihe von Fragen, welche der eingehendsten principiellen Erörterung bedürfen, müssen für alle Kirchenkomplexe gleichmäßig entschieden

*) Die mir während des Drucks zugegangene No. 15 der Protestantischen Kirchenzeitung berichtet S. 346 von einer Erklärung der dortigen beiden Generalsuperintendenten vom 23. März d. J., nach welcher mit der Errichtung eines für beide Herzogthümer gemeinsamen, vom Kultusministerium ressortirenden Konsistoriums vorgegangen werden und dieses auch mit der Anbahnung von synodalen Institutionen betraut werden soll.

werden, wenn die durch Artikel 15 der Verfassungsurkunde der evangelischen Kirche garantirte Selbstständigkeit zur Wahrheit werden soll. So wird man namentlich über die Stellung des landesherrlichen Kirchenregiments schlüssig werden müssen; ein völliges Aufgeben des letzteren liegt nicht in dem Zuge unserer Entwicklung, aber sicherlich wird es einer Modifikation desselben bedürfen, damit ihm eine principiell richtige Grundlage innerhalb der zu erwartenden, auf presbyterialen und synodalen Principien ruhenden Verfassung angewiesen werden kann und trotz desselben eine allein von kirchlichen Gesichtspunkten aus zu führende kirchliche, selbstständige Leitung und Verwaltung garantirt ist. Eine nähere Auseinandersetzung zwischen den Sphären des Staates und der evangelischen Kirche wird ebenfalls erforderlich sein, ist doch z. B. die kirchliche Gesetzgebung in rein inneren kirchlichen Angelegenheiten in unserm Altlande durch das Landrecht und andere nur unter der Betheiligung der Landesvertretung zu beseitigende Normen eingeengt und wird doch in Lauenburg die Ausübung des kirchlichen Gesetzgebungsrechtes überhaupt durch die Zuziehung der Stände bedingt. Ebenso wird man sich über das principielle Verhältniß der Konsistorien zu den einzelnen Provinzialsynoden und über das einer obersten ständigen Behörde, eines Ober-Kirchenraths oder Ober-Konsistoriums, zu der etwaigen Landessynode klar werden müssen. Ferner wird in der territorialen Abgränzung der einzelnen verschiedenartigen Kreise, nachdem die staatlichen Gränzpfähle gefallen sind, manche Aenderung wünschenswerth erscheinen, und auch innerhalb der einzelnen Kirchen selbst dürfte später eine gewisse Vereinfachung des Regiments- und Verwaltungsapparates, welcher bekanntlich in der Regel im umgekehrten Verhältniß zur Größe des Staates steht, zweckmäßig sein (scheint mir doch z. B. in Hannover, soweit ich die Sache freilich aus der Ferne und nicht aus eigener Anschauung beurtheile, eine Verringerung der Zahl der Konsistorien geboten).

Eine eingehende und den Bedürfnissen Rechnung tragende Erledigung dieser und anderer mit ihnen zusammenhängenden Fragen läßt sich nicht mit Rücksicht auf eine einzige der bisherigen Kirchen vornehmen, vielmehr kann diese Aufgabe nur gelöst werden, wenn die Gesammtheit aller in Betracht gezogen wird, und wenn man von den Zuständen und Wünschen der einzelnen Kirchen durch eigene, ihnen gesetzte Organe genügende Kenntniß erhalten hat. Auf diese Weise gewinnt man unter vorläufiger Konservirung des Rechtszustandes der neuen Provinzen in den obersten Synoden der einzelnen Kirchenkörper die Unterlage für eine allgemeine Preußische Landessynode, welcher schließlich der definitive Verfassungsentwurf vorgelegt werden kann. Dabei ist es meines Erachtens selbstverständlich, daß auch die Weiterführung der Organisation der östlichen Provinzen auf dem bisherigen Grunde nur eine provisorische sein darf, denn auch sie wird in ihren Grundlagen — ich will blos an den von der untersten Instanz an bis zur obersten durchgehenden Dualismus in der Verwaltung, das Nebeneinanderstehen der landrechtlichen Kirchenvorsteher und der neuen Gemeindekirchenräthe, der Regierungen und Konsistorien, des Kultusministeriums und des Ober-Kirchenraths erinnern — ebenfalls noch manche Veränderungen erleiden müssen.

Einen andern Modus, welcher allen Betheiligten und allen zu wahrenden Interessen gerecht wird, wüßte ich nicht vorzuschlagen, und meines Erachtens kann dem hier vorgezeichneten Wege auch nicht der Vorwurf gemacht werden, daß er eine Ordnung einführt, welche demnächst durch das Produkt derselben, die Landessynode, wieder umgestoßen wird. Ein solcher Vorwurf wäre nur dann berechtigt, wenn die zunächst anzubahnenden Einrichtungen ihrer Anlage nach einen stabilen Charakter empfangen würden, gerade diesen will ich aber vermieden und bei der praktischen Inangriffnahme festgehalten wissen, daß es sich nur um eine Organisation ad hoc, zu dem eben näher bezeichneten Zwecke, handelt.

Wird aber die Unionsfrage gelöst werden können, wenn jene vorläufigen Ordnungen für die einzelnen, heute noch getrennten Kirchen geschaffen sind? Ich glaube und hoffe, daß dies dann möglich sein wird. Der Vorschlag, erst die provisorische Organisation zur Feststellung eines Definitivums zu schaffen, hat eben den Vortheil, daß einmal kein zweckloser Stillstand eintritt und nutzlos Zeit vergeudet wird, andererseits sichert er aber auch das vorläufige Ruhen der Unionsfrage bis zu einem gelegeneren Zeitpunkt. Bis zur Ausführung der provisorischen Organisation wird man in den einzelnen Kirchen die erforderliche Reife erlangt haben, um über die Verbindung mit der Preußischen Landeskirche schlüssig zu werden. Die Wahrscheinlichkeit, daß man sich wenigstens einem einheitlichen Regiment fügen wird, wenn man auch sonst der Union nicht beitreten will, ist dann jedenfalls eine größere. Abgesehen davon, daß in Folge des schon jetzt eintretenden lebhafteren Bevölkerungswechsels, in Folge des Staats- und Militärdienstes, sowie in Folge industrieller und kommerzieller Unternehmungen die Glieder der verschiedenen Kirchen immer mehr durch einander geworfen werden und dadurch eine bessere Kenntniß der gegenseitigen Verhältnisse vermittelt, ja vielfach der Wunsch nach Vereinigung hervorgerufen werden wird, fällt auch dann das Hinderniß fort, welches heute in der augenblicklich vorhandenen Abneigung gegen den Ober-Kirchenrath besteht. Die Stellung, welche derselbe jetzt einnimmt, wird die künftige ständige Behörde der neu zu organisirenden Landeskirche nicht behalten können, da sie eine Reihe ihrer Befugnisse an eine Landessynode abzugeben oder doch mindestens mit derselben zu theilen haben wird. Schon dieser Umstand wird die jetzt bestehenden Befürchtungen wegen Beeinträchtigung des Bekenntnißstandes vermindern. Man kann ferner der Landessynode oder auch den einzelnen Provinzialsynoden noch gewisse Befugnisse behufs Aufrechterhaltung des Bekenntnißstandes beilegen und auf diese Weise etwa noch bestehende Bedenken beseitigen. Wenn man weiter erwägt, daß hauptsächlich nur ein Theil der Geistlichen den starren Konfessionalismus repräsentirt, deren Einfluß aber durch das auf den Synoden mit vertretene Laienelement vermindert wird und daß die Erklärung einer Synode zu Gunsten des Anschlusses auch ein unverkennbares moralisches Gewicht auf noch schwankende Einzelgemeinden ausübt, so darf man wohl die Hoffnung nicht als eine trügerische bezeichnen, daß eine Vereinigung in dem hier gedachten Sinne ihrer Zeit gelingen wird. Die unirte Kirche in Nassau, die Unirten in Kurhessen, die Schleswig-Holsteinsche Kirche mit ihrem mild ausgeprägten lutherischen Charakter, endlich die in Hannover unter lutherischen Konsistorien stehenden Reformirten, die Lutheraner und Reformirten, welche den aus Mitgliedern beider Konfessionen zusammengesetzten Konsistorien in Kurhessen untergeordnet sind, dürften nicht die mindeste Schwierigkeit erheben, sich unter den obigen Bedingungen der Regimentsgemeinschaft der neu zu bildenden Landeskirche zu unterwerfen. Sollte aber diese Voraussetzung sich nicht bewahrheiten, sollte ferner der Beitritt seitens des größten Theils der lutherischen Kirche Hannovers, Lauenburgs, der Gemeinden in Frankfurt a. M. nicht erreicht werden können, so wird es dann an der Zeit sein, die gemeinschaftliche Organisation der willfährigen Elemente eintreten und sich durch den Widerspruch der übrigen nicht beirren zu lassen.

Eine definitive Ordnung muß im Interesse der Entfaltung einer gesunden kirchlichen Thätigkeit geschaffen werden und die separistischen

Theile haben jedenfalls kein Recht, eine solche auf die Dauer zu verhindern. Die früher gegen die sofortige Umfrage in den Gemeinden über ihren Beitritt zur Union erhobenen Bedenken verlieren dann ihr Gewicht, weil unter der Voraussetzung, daß die vorhin gedachte provisorische Ordnung ausgeführt ist, jede der einzelnen Kirchen ein geeignetes Organ zur Aeußerung ihres Willens besitzt. Damit habe ich schon die bis dahin noch nicht klar formulirte Frage, ob in Betreff der Verbindung mit der Landeskirche die Willensäußerung der Landessynode oder der einzelnen für die früheren Kirchen geschaffenen provisorischen Synoden einzuholen ist, (an deren Stelle später allerdings mit gewissen Modifikationen die definitiven Provinzialsynoden treten würden), im letzteren Sinne entschieden. Daß das der allein korrekte Weg ist, ergiebt sich daraus, daß eben der Wille der bis dahin selbstständig gebliebenen Kirchen erforscht werden soll, die Landessynode aber als Organ nicht dieser einzelnen Kirchen, sondern der erst später auf Grund der betreffenden Erklärungen zu bildenden preußischen Gesammtkirche betrachtet werden kann.

Weiter ist aber noch der wichtige Punkt zu erörtern, wie die Frage, über welche jene Synoden sich entscheiden sollen, zu stellen sein wird. Soll sie gerichtet werden auf bloßes Eingehen der Regimentsgemeinschaft oder auf Union im eigentlichen Sinne, d. h. mindestens im Sinne der Gewährung der Abendmahlsgemeinschaft und des kirchlichen Gemeinderechtes an die Genossen der andern Konfession. Ich halte entschieden das erstere allein für zweckmäßig. Bei einer Erklärung für die Gemeinsamkeit des Regiments ist die einheitliche Organisation vollkommen möglich, und wenn man sich nur auf dieses nothwendige Minimum beschränkt, wird man viel eher eine Einigung erzielen, als bei weitergehenden Forderungen. Dazu kommt, daß die Komplikationen, welche bei Formulirung der Frage auf Beitritt zur Union in dem vorhin gedachten Sinne entstehen, erhebliche Schwierigkeiten machen können. Lehnt die betreffende Synode die Union ab, so liegt zwar die Sache einfach; es ist aber möglich, daß die Synode sich für die Union erklärt, während eine Reihe von Einzelgemeinden sich derselben widersetzt. Einen Konfessionswechsel enthält der Beitritt zur Union nach der Auffassung unseres preußischen Kirchenrechtes nicht; ist man aber trotzdem befugt, die Annahme von der widerstrebenden Einzelgemeinde zu verlangen und nöthigenfalls zu erzwingen? Bei der Einführung der Union in Preußen ist man bekanntlich davon ausgegangen, daß der Beitritt zu derselben Sache des freien Entschlusses jeder Einzelgemeinde ist. Ohne Weiteres wird man aber diesen Grundsatz auf den hier in Rede stehenden Fall nicht anwenden können, weil jetzt die damals fehlende höhere Stufe der Organisation über den Einzelgemeinden existiren würde. Im Gegentheil muß meines Erachtens vom rechtlichen Standpunkt aus die Annahme vertheidigt werden, daß ein Beschluß der die Kirche vertretenden Synode auch die Einzelgemeinde bindet. Der Bekenntnißstand, auf dessen Erhaltung allerdings jedes einzelne Glied der Kirche ein Recht hat, wird durch die Union in jener mildesten Form nicht im mindesten verändert. Die Zulassung von Genossen anderer Konfessionen zum Abendmahl ist ebensowenig ein Verläugnen der Grundlagen der evangelischen Kirche. Eine Kompetenz des die ganze Kirche vertretenden Organs, über diese Punkte endgültig zu beschließen, wird also nicht in Abrede gestellt werden können. Steht es aber mit der Gewährung der Mitgliedschaft an die Genossen der andern Konfession ebenso? Es ist unzweifelhaft, daß das gesetzgebende Organ der Kirche für die Theilnahme an den Rechten der Einzelgemeinde bestimmte Normen aufzustellen befugt ist. Freilich ist die Grundlage für alle diese Bestimmungen die Zugehörigkeit zu der betreffenden Kirche überhaupt und es werden daher solche Beschlüsse ungültig sein, welche diesen Grundsatz verletzen. So wenig, wie eine Synode den Katholiken die Mitgliedschaft in den evangelischen Einzelgemeinden gültiger Weise ertheilen könnte, möchte man demnach vielleicht einwenden, ist eine lutherische Synode berechtigt, den Reformirten, welche nicht auf völlig gleicher Bekenntnißgrundlage stehen, derartige Rechte beizulegen. Die Hinweisung auf den Konsensus der beiderseitigen Symbole und eine daraus hergeleitete Befugniß zur Mitgliedschaft der Reformirten wird der strenge Lutheraner selbstverständlich immer mit der Behauptung von der Hand weisen, daß schon eine Alteration des Bekenntnißstandes gegeben sei, sowie man den Dissens indifferenzirt, eine Auffassung, welche nothwendigerweise aus der Zulassung der Reformirten als Glieder einer lutherischen Gemeinde entnommen werden müsse. So scheinbar diese Gründe auch sein mögen, so rechtfertigen sie doch nicht die Verneinung der gedachten Frage. Die Kirche als Ganzes hat allerdings ein Recht auf Wahrung ihres Bekenntnißstandes und also auch z. B. auf die Wahrung eines exklusiv lutherischen Bekenntnisses. Ihrem obersten Organ steht aber andererseits auch die Befugniß zu, das Verhältniß der ganzen Kirche zu den übrigen Konfessionen zu bestimmen, und nach der richtigen Auffassung der Union liegt in einem solchen Beschlusse auf Gewährung der Mitgliedschaft nur eine Ausübung dieser Befugniß. Denn das Bekenntniß wird damit an und für sich nicht aufgegeben und darum wird man sich gegen die hier vertretene Ansicht auch nicht auf die in mehreren neuen Kirchenverfassungsgesetzen, so auch in der Hannoverschen Kirchenvorstands- und Synodal-Ordnung von 1865 (§. 65), vorkommende Bestimmung:

„die Lehre selbst bildet keinen Gegenstand der Gesetzgebung der Landeskirche"

berufen können. Das Recht der Einzelgemeinde, sich den Anordnungen des die Gesammtkirche vertretenden Organs zu widersetzen, kann nie auf die Stellung der Einzelgemeinde als solche gegründet werden (abgesehen natürlich von Fällen, wo im Interesse der Erhaltung lokaler Eigenthümlichkeit ausdrücklich ein Zustimmungsrecht derselben gesetzlich garantirt ist), denn in dem Organ einer Synode ist sie eben mit vertreten, sondern nur darauf, daß das Gesammtorgan über Dinge entschieden hat, welche seiner Kompetenz nicht unterstehen. Auf Erhaltung des Bekenntnisses hat die Einzelgemeinde freilich ein Recht, nicht aber auf einen ewig fortdauernden Bestand der minderen oder schärferen exklusiven Geltendmachung desselben. In dieser Hinsicht ist eine weitere Entwicklung durch die Natur der Sache bedingt, und damit auch von selbst die Nothwendigkeit einer allgemein verbindlichen Entscheidung solcher Fragen durch die Gesammtkirche gegeben. Wer der Einzelgemeinde ein unantastbares Recht zum Widerspruch beilegt, der muß ihr ein solches nicht blos dann einräumen, wenn es sich um die Zulassung von Mitgliedern der andern Konfession in der speziell protestirenden Gemeinde handelt, sondern dieses Protestrecht auch soweit ausdehnen, daß jede Einzelgemeinde derselben Kirche schon dann zum Schutz der Aufrechterhaltung des angeblichen Bekenntnißstandes eintreten dürfte, wenn eine andere Gemeinde die Zulassung gestatten würde. Konsequenter Weise müßte man auch jedem einzelnen Mitgliede in der Gemeinde eine solche Befugniß beilegen. Die gegentheilige Ansicht verläugnet, wie sich deutlich aus diesen ihren Konsequenzen ergiebt, die Natur der Kirche als eines gegliederten Organismus und macht sie zu einem atomistisch zusammengesetzten Konglomerat von einzelnen Mitgliedern und Einzelgemeinden.

Die vorstehende Ausführung wird aber vom Standpunkt des einseitigen Konfessionalismus, welcher von andern Grundanschauungen über die Union ausgeht, angefochten werden können, und darum würde ich, wie schon vorhin bemerkt, die Geltendmachung des Rechtes gegen die einzelne widerstrebende Einzelgemeinde nicht befürworten, ja lieber, sofern nicht ein zweifellos allseitiger Beitritt zur Union in einer Kirche indicirt ist, die Frage nach Eingehung der Union ganz umgehen.

Wird die der einzelnen Synode vorzulegende Frage dagegen nur auf die Annahme einer gemeinschaftlichen Oberleitung, also auf die Gemeinsamkeit des Regiments gestellt, so kann nach den eben gemachten Ausführungen die bindende Kraft des Beschlusses der betreffenden Synode für die Einzelgemeinde nicht dem mindesten Zweifel unterliegen. Die Einrichtung des Regiments gehört zur Kompetenz des gesetzgebenden Organs der Gesammtkirche, und wer auch hier wieder das Recht auf Erhaltung des Bekenntnißstandes durch die Unterwerfung unter eine konfessionell gemischte oberste Leitungsbehörde gefährdet sieht, der möge bedenken, daß nach evangelischem Kirchenrecht nicht einmal dem katholischen Landesherrn absolut das oberste Kirchenregiment abzusprechen ist, und daß es nur darauf ankommt, daß der Schutz des Bekenntnisses durch die sonst vorhandenen Verfassungseinrichtungen garantirt ist. Von diesem Standpunkt aus könnte man sogar die Ansicht vertheidigen, daß die Regimentsgemeinschaft den früheren selbstständigen Landeskirchen, selbst wenn sie sich nicht fügen wollen, auferlegt werden dürfte. Wer aber möchte dazu rathen, eine Gemeinschaft zu erzwingen, welche doch nur eine äußerliche und aufgedrungene sein und ein wirkliches gedeihliches Zusammenwirken hindern würde? Darum lege man den einzelnen Synoden die Frage vor, ob sie geneigt sind, die Gemeinschaft des Regiments mit der Landeskirche einzugehen. Wird eine zustimmende Erklärung abgegeben, so folgt damit, daß die betreffende ganze Kirche als rechtlich gebunden anzusehen ist, und weiter, daß das Vermögen derselben und aller Einzelgemeinden bei der betreffenden Kirche bleibt, ja daß selbst dann, wenn sämmtliche Glieder einer einzelnen Gemeinde sich separiren wollten, diese keinen Anspruch auf das Gemeindevermögen haben. Im umgekehrten Falle, d. h. bei der Verweigerung der Gemeinschaft durch die Synode, muß man sich auch, wenn man einmal die Freiheit des Entschlusses selbst nur aus Zweckmäßigkeitsgründen statuirt hat, die weitere Konsequenz gefallen lassen, daß dann die Kirche, die in der Separation verharren will, ihr Vermögen behält und die sich der Gesammtkirche anschließenden Einzelgemeinden es nicht in dieselbe mit hinübernehmen dürfen. Das Angemessenste dürfte freilich in allen Fällen eine billige Auseinandersetzung zwischen den beiden Parteien sein, im ersten Fall wird damit gegen die Separatisten eine weitere Konnivenz geübt, im entgegengesetzten würde eine solche gegen die der Gesammtkirche beitretenden Einzelgemeinden nur dann gefunden werden können, wenn man die Ansicht vertheidigt, daß die einzelne Kirche nicht verpflichtet ist, sich wider ihren Willen der Regimentsgemeinschaft zu unterwerfen. Denn geht man von der Annahme aus, daß die einzelne Kirche sich der letzteren fügen muß, so ist die Respektirung des Willens ihres Organs schon ein Waltenlassen der Billigkeit, worauf sie eigentlich keinen Anspruch hat.

Ich glaube mich damit nach allen Richtungen über die Art und Weise der Herbeiführung der Vereinigung der einzelnen Kirchen mit unserer Preußischen Landeskirche ausgesprochen zu haben und das Zeugniß für meine Vorschläge in Anspruch nehmen zu dürfen, daß sie nicht nur die in Frage kommenden Rechte der einzelnen Kirchen achten, sondern auch die Interessen derselben in der billigsten Weise zu schonen beabsichtigen.

Ueber die Organisation, welche der hoffentlich und wahrscheinlicher Weise zu Stande kommenden großen vereinigten Landeskirche zu geben ist, hier schon spezielle Ausführungen zu machen, würde nicht am Orte sein, um so weniger, als dazu eine gründliche Kenntniß der kirchlichen Lage der einzelnen neuen Provinzen gehört, wie ich sie jetzt zur Zeit noch nicht besitze und wie sie auch kaum ein Einzelner durch bloße Beobachtung aus der Ferne sich zu erwerben im Stande ist. Jedenfalls wird man aber die presbyterialen und synodalen Grundlagen festhalten, für eine angemessene harmonische Stellung der Konsistorien neben und in den Synoden, des etwaigen Ober-Konsistoriums neben und in der Landessynode Sorge tragen und auch das landesherrliche Kirchenregiment in ein principiell richtiges Verhältniß zu den übrigen kirchlichen Regierungsorganen setzen müssen. Wie dagegen für den umgekehrten Fall die erweiterte Landeskirche und die separatistischen Kirchen oder wenigstens die in der Separation verharrenden Reste derselben zu gestalten sind, darüber läßt sich jetzt nicht das Mindeste sagen, denn die dann zu treffenden Einrichtungen können nur mit Rücksicht auf den Umfang der Separation bestimmt werden.

Das Ziel, sowie die Mittel und Wege es zu erreichen, habe ich in den vorstehenden Erörterungen angegeben. Es bleibt nur übrig, noch ein Paar Worte über die Organe zu sagen, welche die Schaffung der provisorischen Anordnungen in die Hand nehmen und leiten sollen. Bekanntlich steht augenblicklich die oberste Leitung der kirchlichen Angelegenheiten in den neuen Provinzen dem Kultusministerium zu. Während H. v. H. (Großpreußen rc. S. 139) und Friedberg (S. 59 ff.), welcher letztere wenigstens vorläufig den Statusquo, also auch die Einheit der Landeskirche möglichst gewahrt wissen will, diese Unterstellung billigen, sind mehrfach andere Ansichten laut geworden. Die Einen denken an die Uebertragung dieser provisorischen Organisationsarbeit an den Ober-Kirchenrath, die Anderen (so auch der Verfasser der bei Rauh erschienenen Brochüre S. 35) an die Einsetzung einer besonderen, ad hoc zu bestellenden interimistischen Kirchen-Kommission für die neuen Provinzen.

Darüber, daß der Ober-Kirchenrath keinen Rechtsanspruch auf die Führung der kirchlichen Verwaltung in den neuen Provinzen hat, — was Friedberg S. 41 ff. des Näheren auseinandersetzt, — kann gar kein Zweifel obwalten. Ebensowenig dürfte vom Rechtsstandpunkt aus seitens der neuen Provinzen ein Widerspruch gegen die Unterstellung unter das Kultusministerium gerechtfertigt sein. Denn in allen betreffenden Ländern hat früher die Leitung der kirchlichen Angelegenheiten staatlichen Behörden in Unterordnung unter dem Landesherrn zugestanden.

Vgl. Friedberg S. 15. 20. 24. 25. 26. 28.

Der Verfasser der bei Rauh erschienenen Brochüre stellt sich zwar auf den Standpunkt des mit dem 1. Oktober dieses Jahres in den neuen Provinzen in Kraft tretenden Verfassungsrechtes und bemerkt mit Rücksicht darauf, daß der konstitutionelle, der politischen Landesvertretung verantwortliche Kultusminister von jenem Tage ab das eigentliche Kirchenregiment nicht führen dürfe. Allein so richtig es ist, daß von diesem Zeitpunkt ab auch den Kirchen in jenen Ländern die Selbstständigkeit garantirt ist, so kann die letztere doch erst mit dem Vorhandensein der dieselbe ermöglichenden Organe Realität gewinnen. Das Recht, die erforderlichen Maßnahmen zu treffen, kann darum dem Kultusminister nicht abgesprochen werden. Im Gegentheil halte ich denselben sogar unter verfassungsmäßiger Verantwortlichkeit für verpflichtet, diese Selbstständigkeit herbeizuführen, und da er nach dem jetzt in jenen Ländern geltenden Recht die kirchliche Leitung zu führen hat, muß er auch für berechtigt erachtet werden, dieser Verpflichtung durch seine eigene Thätigkeit nachzukommen.

Der Widerstreit zwischen den drei erwähnten Ansichten ist also allein ein solcher, bei welchem lediglich Zweckmäßigkeitsrücksichten als bestimmende Momente in Frage kommen können.

Von diesem Standpunkte aus möchte ich mich meinerseits für Folgendes entscheiden.

Die Unterstellung der Provinzen unter den Oberkirchenrath ist im Allgemeinen nicht anzurathen, schon deshalb nicht, weil ihm vielfach Mißtrauen in denselben entgegengebracht wird. Abgesehen davon dürfte auch vom Standpunkt unserer Landeskirche aus eine solche Maßnahme bedenklich erscheinen. Mit der Ausdehnung der Kompetenz des Ober-Kirchenraths würde eine Vermehrung des Personals durch Räthe aus den neuen Provinzen geboten sein, und dadurch könnte die bisher unionsfreundliche Handhabung des Regiments möglicherweise gefährdet werden.

Die Bildung einer besonderen eigenen Kirchen-Kommission halte ich ebenfalls nicht für zweckmäßig. Die kirchlichen Verhältnisse der in Frage kommenden Länder sind so verschieden, daß die Thätigkeit der aus denselben zu berufenden einzelnen Mitglieder doch nur eine äußerlich gemeinsame sein könnte, dieselben würden höchstens äußerlich zu einem Kollegium vereinigt sein, aber doch nie gemeinsam die betreffenden Sachen bearbeiten können. Ich sehe auch keinen Grund, warum z. B. der aus Nassau berufene Rath deshalb, weil er einer neuen Provinz angehört, befähigter wäre, über die Verhältnisse in Hannover mit zu befinden und Entschließungen zu treffen, als ein Rath aus den altpreußischen Ländern. Dazu kommt, daß, wenn man erst eine eigene Behörde errichtet, welche freilich nur vorübergehende Befugnisse haben soll, immerhin die Gefahr vorliegt, daß diese doch möglicherweise allmählig mehr den Charakter einer ständigen annimmt und so das Organisationswerk verzögert wird.

So wenig ich die von Friedberg S. 60 angeführten Gründe für durchschlagend erachten kann, so stimme ich ihm doch im Resultat bei. Auch ich erachte es für das Zweckmäßigste, die Leitung der kirchlichen Angelegenheiten vorläufig dem Kultusminister zu belassen. Für die Inangriffnahme des Organisationswerkes dürften in jeder neuen Provinz eine Reihe von Sachverständigen auszuwählen sein, welche die betreffenden Maßregeln vorzuschlagen und dem Minister zur Genehmigung zu unterbreiten haben. Diese Kommissionen werden ihre Aufgabe, weil sie allein nur mit einer Provinz zu thun haben, jedenfalls schneller erledigen können, als eine aus den gesammten neuen Provinzen zusammengesetzte eigene Behörde. Zu berücksichtigen ist aber, daß die gesammte Thätigkeit dieser Kommissionen auf die Schaffung von provisorischen Organen gerichtet ist, welche mit zur Herbeiführung der Einheit der evangelischen Kirche in Preußen wirken sollen. Darum hat die jetzige Preußische Landeskirche ebenfalls ein Interesse an den neu zu treffenden Einrichtungen, und ich halte es daher für angemessen, daß die oberste Vertretung derselben, der Ober-Kirchenrath, vor der Beschlußfassung in solchen Angelegenheiten mit seinem Votum seitens des Ministers gehört wird. Ebenso wird man die Kommissionen der andern Provinzen gutachtlich über die in der einen zu ergreifenden derartigen Maßnahmen vernehmen müssen. Das zweckmäßigste Verfahren dürfte das sein, daß die für die einzelnen Provinzen von der betreffenden Kommission ausgearbeiteten Pläne durch die sämmtlichen Kommissionen und den Ober-Kirchenrath in gemeinschaftlichen Sitzungen diskutirt und dann dem Minister zur Entscheidung vorgelegt werden.

Fraglich bleibt es endlich, ob man nicht etwa solche Provinzen, welche schon jetzt ein lebhaftes Verlangen nach Vereinigung mit der Preußischen Landeskirche zeigen, unter den Ober-Kirchenrath stellen und diesem die Organisation der für sie bestimmten provisorischen Einrichtungen übertragen soll. Gegen ein solches Verfahren möchte, sofern eine entschiedene Neigung in der betreffenden Kirche konstatirt werden kann, sich kein Bedenken geltend machen lassen. Ob aber ein solcher einmüthiger Wunsch vorhanden ist, das wird freilich jetzt, wo es an geeigneten Organen zur Abgabe der erforderlichen Erklärung fehlt, nicht so leicht zu ermitteln sein, da ein solcher durch Petitionen, welche blos von einem Theile der betreffenden Kirche oder gar nur von einem Theile der Geistlichkeit ausgehen, noch nicht für genügend festgestellt erachtet werden kann. Soweit ich die Lage in den neuen Provinzen übersehe, dürften in der gedachten Beziehung überhaupt nur Nassau und Kurhessen, möglicherweise vielleicht auch Schleswig-Holstein in Frage kommen. Giebt sich dagegen ein solcher Wunsch auf Vereinigung nicht von selbst in den neuen Ländern kund, oder waltet ein Zweifel darüber ob, ob er der Ausdruck einer allgemeinen, einmüthigen Stimmung ist, dann halte ich es für gerathener, von der sofortigen Unterstellung unter den Ober-Kirchenrath abzusehen, weil dadurch jetzt nur zu leicht Separationsgelüste hervorgerufen werden könnten.

Ich bin am Ziele meiner Erörterungen angelangt. Meine Vorschläge gehen, um sie noch einmal kurz zusammenzufassen, dahin:

Unsere Landeskirche muß vor der Zerstörung durch die konfessionelle Dreitheilung oder durch die Auflösung in autonome Provinzialkirchen bewahrt werden. Die Einfügung der bisher selbstständigen Kirchen der einverleibten Länder in die Preußische Landeskirche in der Art, daß wenigstens die Regimentsgemeinschaft als einigendes Band besteht, muß als das wünschenswerthe und anzustrebende Ziel der Entwickelung festgehalten werden. Um den Kirchen der neu einverleibten Länder, gegen welche die Anwendung jeglichen Zwanges zu verwerfen ist, die Möglichkeit zu gewähren, sich über ihre Verbindung mit der preußischen Landeskirche auszusprechen, sind in ihnen provisorische, auf presbyterial-synodalen Grundlagen ruhende Verfassungseinrichtungen zu schaffen. Die diese letzteren abschließenden Synoden haben die Frage nach der Vereinigung mit der Landeskirche zu entscheiden. Die definitive Verfassung der gesammten erweiterten Preußischen Landeskirche endlich ist einer für diese aus den gedachten Einzelsynoden einzuberufenden Landessynode zur Beschlußfassung vorzulegen.

Ich habe das Wort ergriffen, nicht um den von einer Seite erhobenen Vorwurf, daß die Kirchenrechtslehrer sich schweigend verhalten haben, meinerseits von mir abzulehnen, nicht weil ich mich besonders berufen glaubte, sondern nur weil ich es für meine Pflicht hielt, Plänen entgegenzutreten, welche ich für unsere preußische Landeskirche für verderblich erachtete und weil ich mein Gewissen gewahrt haben wollte. Da ich mir bewußt bin, gegenüber den Kirchen der neuen Länder nicht nur die Wahrung des Rechtes, sondern auch die billigste Schonung jeglicher berechtigter Interessen derselben gefordert zu haben, so glaubte ich auch andererseits mit voller Kraft dafür eintreten zu müssen, daß unsere preußische Landeskirche mit dem gleichen Maaße gemessen werde.

Während ich meine Arbeit zum Abschluß gebracht habe, sind noch mehrere Stimmen in gleichem Sinne laut geworden. Meine Erörterungen dürfen neben denselben vielleicht noch insofern eine selbstständige Bedeutung in Anspruch nehmen, als ich manche Gesichtspunkte aufgestellt habe, welche bei den mit mir auf gleichen Grundlagen stehenden Vertheidigern unserer Landeskirche nicht hervorgehoben worden sind

Nachschrift.

Neuerdings hat die schwebende Frage eine fernere Besprechung in der Schrift: „Ueber die zukünftige Gesammtverfassung der evangelischen Kirche Preußens. Eine kritische Beleuchtung darauf gerichteter Vorschläge mit besonderer Beziehung auf die Schrift eines „deutschen Theologen" über: „die politische Lage und die Zukunft der evangelischen Kirche in Deutschland". Von einem evangelisch-lutherischen Theologen in der Provinz Hannover. Göttingen. Vandenhoeck und Ruprecht's Verlag. 1867" gefunden.

Ich freue mich, konstatiren zu können, daß der Verfasser, welcher nicht dem Altlande, sondern der lutherischen Kirche Hannovers angehört, in allen wichtigen grundlegenden Punkten ebenfalls mit mir übereinstimmt. Auch er tritt für die Erhaltung unserer Landeskirche gegen die Zerreißung derselben durch die konfessionelle oder provinzielle Theilung ein. (Vgl. S. 16. 17 ff. 23 ff. 36.) Neben der oben schon erwähnten Abhandlung des „deutschen Juristen" giebt die Schrift eine werthvolle und sehr genau in das Detail eingehende Kritik der Vorschläge des „deutschen Theologen". Sie deckt vor Allem noch näher, als ich es oben nach meinem Plan für nöthig fand, die mannichfachen Inkonsequenzen jenes Kirchenpolitikers auf. Ferner kann ich mich namentlich auf die Erörterungen S. 47 ff. für die weitere Erhärtung meines gegen den „deutschen Theologen" erhobenen Vorwurfes beziehen, daß die Verfassungsprojekte des letzteren lebhaft an die Stahl'sche Theorie von der Kirche, als Institution über den Gemeinden, erinnern und hierarchischen Tendenzen den größten Vorschub leisten.

Die positiven Vorschläge des hannoverschen Lutheraners lauten in der von ihm selbst S. 98 ff. formulirten Zusammenfassung folgendermaßen:

„Das Ziel ist:

Eine einheitliche, provinziell gegliederte, presbyterial und synodal verfaßte evangelische Kirche Preußens mit einem gemeinsamen Kirchenregiment, dessen oberster Träger der König als landesherrliches membrum praecipuum bleibt, und welches durch einen vom Könige zu besetzenden Evangelischen Oberkirchenrath geführt wird, dem in bestimmten Intervallen eine allgemeine Synode aus Mitgliedern sämmtlicher Kirchenprovinzen, durch deren Provinzialsynoden frei gewählt, mit dem Rechte der kirchlichen Gesetzgebung und Besteuerung zu kirchlichen Bedürfnissen unter königlicher Sanktion, dem Rechte der Kenntnißnahme von allen wichtigeren Angelegenheiten der kirchlichen Verwaltung, dem Rechte der Bitte und Beschwerde u. s. w. zur Seite tritt.

Der Weg zu diesem Ziele ist:

Erhaltung der Union sowohl in der bisherigen evangelischen Landeskirche Preußens, als auch in denjenigen Kirchenterritorien der neuen Provinzen, in welchen sie besteht; unveränderter Fortbestand des Evangelischen Ober-Kirchenrathes zu Berlin zur Erfüllung seiner bisherigen Aufgaben.

Freilassung eines Weges für die unirten Kirchenterritorien der neuen Provinzen zur Selbstentscheidung darüber, ob sie schon in nächster Zukunft dem Evangelischen Oberkirchenrath zu Berlin kirchenregimentlich unterstellt werden, oder bis auf Weiteres unter der kirchlichen Verwaltung des Königlichen Kultusministeriums verbleiben wollen.

Erhaltung des konfessionellen Charakters und der presbyterialen und synodalen Institutionen in den evangelischen Kirchenterritorien derjenigen neuen Provinzen, welche solche bereits besitzen, und Bildung presbyterialer und synodaler Organe in denjenigen, in welchen sie noch nicht bestehen, durch das königliche Kultusministerium, welches die obere kirchliche Verwaltung aller jener Kirchenterritorien bis dahin zu führen hat, wo dieselben nach ihrer gliedlichen Stellung im Gesammtverbande der evangelischen Kirche Preußens in den wirklichen Besitz der auch ihnen durch Artikel 15 der preußischen Staatsverfassungs-Urkunde zu gewährenden Rechte versetzt werden können.

Baldige Schaffung eines interimistischen Evangelischen

Kirchensenates von konföderirtem Charakter zur Berathung des königlichen Kultusministeriums für die in den neuen Provinzen mit der wünschenswerthen und erforderlichen Rücksicht auf die alten zu treffenden organisatorischen Maßregeln zur Verwirklichung des §. 15 der preußischen Staatsverfassungsurkunde, sowie zur Ertheilung anderer etwa wünschenswerth erscheinender Rathschläge.

Dieser interimistische Evangelische Kirchensenat, der kein permanentes Kollegium, sondern nur zur Berathung wichtiger Angelegenheiten jedesmal vom königlichen Kultusministerium zusammenzuberufen wäre, könnte etwa aus 8 Deputirten des Evangelischen Ober-Kirchenraths zu Berlin, aus 3 Mitgliedern des Landeskonsistoriums zu Hannover und 2 oder 3 angesehenen Mitgliedern der evangelisch-lutherischen Kirche in Schleswig-Holstein-Lauenburg und 2 dergleichen in den hessischen, 2 in den nassauischen Kirchenterritorien und 1 in demjenigen Frankfurts gebildet werden, wobei es vorbehalten bleiben könnte, zur Berathung über Maßregeln, welche ein einzelnes besonderes Kirchenterritorium betreffen, noch ein und das andere sachkundige Mitglied aus demselben dazu zu berufen.

Ist das gesammte provisorische kirchliche Organisationswerk in den alten und neuen Provinzen Preußens, dort durch den Evangelischen Ober-Kirchenrath, hier durch das königliche Kultusministerium unter dem Beirath des Evangelischen Kirchensenates beendet, so wird eine Generalsynode der ganzen evangelischen Kirche Preußens, zu der die Wahlen am zweckmäßigsten durch die Provinzialsynoden erfolgen dürften, zur definitiven Feststellung der kirchlichen Verfassung vom Könige berufen."

In allen wichtigen Fragen stimmen meine Ansichten, wie die vorstehenden Erörterungen ergeben, mit den hier entwickelten Anschauungen überein. Unerklärlich ist es mir aber, wie der hannoversche Lutheraner (S. 100) mit Bezug auf die Schrift Friedbergs bemerken kann, daß zwischen diesem und ihm eine principielle Verschiedenheit kaum vorhanden ist. Er scheint übersehen zu haben, daß Friedberg, wenn er gleich die Union erhalten wissen will, doch auch die Landeskirche in einzelne Provinzialkirchen aufzulösen vorschlägt und damit die Union thatsächlich in Frage stellt.

Endlich gestatte mir der Verfasser die Bemerkung, daß es nicht korrekt ist, wenn er stets von der unirten preußischen Landeskirche spricht. Dieselbe besteht nicht nur aus unirten Gemeinden, sondern es gehören auch zu ihr eine Anzahl lutherischer, resp. reformirter Gemeinden, die zwar nicht der Union beigetreten sind, sich aber doch der Gemeinschaft des Regiments gefügt haben.

Bei Beendigung der Korrektur des letzten Bogens geht mir die Schrift zu: „Die Unions- und die Verfassungsfrage. Ein Wort zur Abwehr und Verständigung von Dr. Friedrich Fabri, Missions-Inspektor. Zugleich zur Fortsetzung und Ergänzung der Schrift: die politische Lage und die Zukunft der evangelischen Kirche in Deutschland. Gedanken zur kirchlichen Verfassungsfrage von einem deutschen Theologen. Gotha. F. A. Perthes. 1867". So unangenehm es mir ist, dem vorstehenden Nachtrag noch einen zweiten hinzuzufügen, und so wenig mich an und für sich ein Vorwurf treffen könnte, wenn ich diese bei bereits fast vollendetem Druck meiner vorstehenden Erörterungen erschienene Schrift nicht berücksichtigt hätte, legt mir doch der Umstand, daß sich ein nicht geringer Theil meiner Ausführungen gegen „den deutschen Theologen" richtet und dieser mit dem Verfasser der eben erwähnten Brochüre identisch ist, die Pflicht auf, ein Paar Worte über das Verhältniß der letzteren zu dem früheren Buche und zu meiner eigenen Arbeit zu sagen. Die „Unions- und die Verfassungsfrage" sucht im wesentlichen die Angriffe des Verfassers der Rauhschen Brochüre, wie des „deutschen Juristen" und in einem Nachtrage die des „hannoverschen evangelisch-lutherischen Theologen" zu beseitigen. In den Grundanschauungen stehe ich mit Allen auf wesentlich gleichem Standpunkt. Da es aber nicht meine Sache sein kann, an dieser Stelle Punkt für Punkt meine Meinung darüber auszusprechen, inwiefern jeder einzelne Angriff jener Schriftsteller auf Fabri begründet oder inwiefern die Abwehr des letzteren gerechtfertigt ist, ich auch keineswegs die Erörterungen der Gegner Fabris Wort für Wort gebilligt habe, noch würde billigen können, so fragt es sich nur, ob meine eigenen Ausführungen gegen die frühere anonyme Fabrische Schrift in Folge seiner neuesten Entgegnung einer Modifikation oder gar einer Retraktation bedürfen. Ich glaube sowohl das Eine wie das Andere verneinen zu können. S. 8 meiner Erörterungen habe ich die Auffassung bekämpft, daß die Union in unserer Landeskirche zur Unmöglichkeit geworden und daß deshalb die Landeskirche in eine Reihe selbstständiger Provinzialkirchen aufgelöst werden müßte. Ich kann in dem hierher gehörigen ersten Theil der Schrift: „zur Unionsfrage“ keine Momente finden, welche eine Widerlegung meiner gedachten Ausführungen enthielten. Im Gegentheil erhärtet Fabri jetzt selbst noch das, was ich S. 13 bemerkt habe, wenn er S. 25 Note *) seiner neuen Schrift sagt: „Nur gegen gewisse naive Unwissenheiten möchte ich bescheidentlich reklamiren, z. B. wenn mein Herr Gegner“ (der Verfasser der Rauhschen Broschüre) „mir den Rath ertheilt, mich in Köln, Bonn, Coblenz, Trier umzusehen, wo es große blühende, „evangelische“ Consensus-Gemeinden gebe. Wie ihm nicht unbekannt ist, gehöre ich selbst seit zehn Jahren der evangelischen Gemeinde Unterbarmen an, die recht eigentlich als ein Typus einer Consensus-Gemeinde bekannt ist, und dies um so mehr, als sie lutherisch-landeskirchliche und reformirt-landeskirchliche Schwestergemeinden rings um sich hat. Habe ich denn den Bestand zahlreicher specifisch-unirter Gemeinden in meiner Schrift nicht anerkannt, ja ihn nicht ausdrücklich betont?“ Von dem letzten Vorwurf werde ich mit betroffen und muß darauf entgegnen, daß jeder, welcher unbefangen die Stellen S. 14. 15 der früheren Schrift liest, namentlich die Behauptung, daß die Union keine Macht im Volksleben geworden, doch zu der Annahme kommen mußte, daß der Verfasser die innere Nothwendigkeit der vorhandenen Union und den blühenden Zustand dieser Gemeinden hat läugnen wollen.

Wenn er sich jetzt weiter gegen die Unterstellung verwahrt, daß er die Union zu zerstören beabsichtige (S. 12), so habe ich wenignigstens meinerseits nur (S. 24 ff. S. 35 ff.) hervorgehoben, daß die Konföderation, welche er vorschlägt, nicht geeignet ist, eine Einheit unter den selbstständig zu errichtenden Provinzialkirchen und die Union, wie sie in unserer Landeskirche noch besteht, zu erhalten. Jedenfalls muß ich aber Alles an den entsprechenden Stellen Gesagte aufrechterhalten. Fabri ist auch jetzt noch nicht zu einer klaren Feststellung seines vagen Begriffs der Konföderation gekommen, denn S. 36 wiederholt er die von mir (S. 24) beanstandete Aeußerung, daß man nicht über charitativ oder obligatorisch streiten solle. Für meine weitere Behauptung, daß die Errichtung der beabsichtigten selbstständigen Provinzialkirchen auf die konfessionelle Theilung hinausläuft (S. 26), kann ich mich gleichfalls noch auf die nachstehende Aeußerung der neuen Schrift S. 34 berufen: „Gemeinden, Provinzen, die der Konsensus-Union beigetreten sind oder beitreten, bleiben völlig intakt. . . . . Provinzialkirchen, die einen einheitlichen bestimmten Konfessionsstand besitzen und desselben sich bewußt sind, wie etwa die hannoversche, mögen durch das Organ der Provinzialsynoden denselben nicht nur bewahren, sondern auch noch ausprägen, soviel sie wollen, also z. B. eine streng lutherische Abendmahls-Distribution beibehalten oder einführen. Auch in den alten Provinzen wird die konföderative Deutung der Union keine wesentliche Schwierigkeiten bereiten, ja, wie mich däucht, wohl geringere als die bisherigen. Wenn auch selbst dort mehrere Provinzial-Synoden sich für lutherisch-unirt erklärten, so würde dies weder den Bestand noch die Neubildung von Konsensus-Gemeinden alteriren, da uns ja der Grundsatz feststeht, daß auch die Provinzial-Synoden in den Bestand der Einzelgemeinden nicht einzugreifen vermögen. . . . : Und wollte man endlich auf die wenigen reformirten Gemeinden in den östlichen Provinzen, die der Union nicht oder doch nur mit sehr bestimmten Vorbehalten beigetreten sind, weisen, so hindert doch wohl nichts, daß diese in eine Superintendentur oder Classis vereinigt, sich einer andern Provinzial-Synode, etwa der rheinischen oder hessisch-nassauischen, anschlössen." In dem letzten Satz dringt doch unläugbar wieder unwillkührlich die Konfession als Organisationsprincip hindurch, wie dies der Verfasser selbst weiter S. 66 eingesteht. Und wenn Fabri in den Provinzialkirchen die Union nicht gefährdet findet, so übersieht er, daß es sich nicht um eine direkte, sondern indirekte Unterwühlung derselben handelt, und eine solche eben in bestimmten Provinzialkirchen, wie ich an den angeführten Stellen gezeigt zu haben glaube, viel leichter möglich sein wird, als in der einheitlich gestalteten Landeskirche. Auch das ist ebenfalls in der neuen Schrift nicht in Betracht gezogen, daß, wenn der konfessionelle Stand ein einheitliches Kirchenregiment der Landeskirche nicht gestattet, das in gleichem Maaße für die Provinzialkirchen der Fall sein muß.

Gegenüber den Bemerkungen im zweiten Abschnitt der neuen Schrift: „Zur Verfassungsfrage" kann ich mich kürzer fassen. Was ich über die vom Verfasser dem Bischof angewiesene Stellung gesagt habe, das muß ich seinen Bemerkungen (S. 45) gegenüber gleichfalls aufrechterhalten, ebenso meine Erörterungen über die Nothwendigkeit einer einheitlichen Oberleitung (S. 43 ff.), das um so mehr, als Fabri in Bezug auf diese Konzessionen zu machen nicht abgeneigt zu sein scheint (S. 58).

Was die S. 46 ff. von Fabri gegenüber dem „deutschen Juristen" hervorgehobenen Differenzpunkte über das landesherrliche Kirchenregiment betrifft, so habe ich meinerseits keine Veranlassung, auf diesen Streit näher einzugehen. Wir haben heute überall das landesherrliche Kirchenregiment, und dasselbe ist vorläufig, soweit es sich um die ersten Organisationsschritte handelt, mit in Rechnung zu bringen. Jedenfalls will ich hier mit meiner Meinung nicht zurückhalten, daß auch mir für eine definitive Selbstständigkeitsstellung der evangelischen Landeskirche die Umänderung des landesherrlichen Kirchenregiments in eine bloße Advokatie über die evangelische Kirche nothwendig erscheint.

Endlich muß ich noch konstatiren, daß der von mir S. 23 erhobene Vorwurf gegen Fabri (seine Bemerkungen S. 86 ff. der früheren Brochüre lassen denselben an und für sich nicht ungerechtfertigt erscheinen) jetzt nicht mehr zutrifft, da er in der neuen Schrift S. 17 erklärt, daß er die Aufhebung der Union durch königlichen Erlaß ohne Zustimmung der Gemeinden für rechtlich unmöglich halte.

Verlag von J. Guttentag in Berlin
(Guttentag und Bahlen)

Wilhelm Gronau's Buchdruckerei in Berlin.

Kolibri 360 GmbH
Ferdinand-Jühlke-Straße 7
99095 Erfurt, Deutschland
produktsicherheit@kolibri360.de